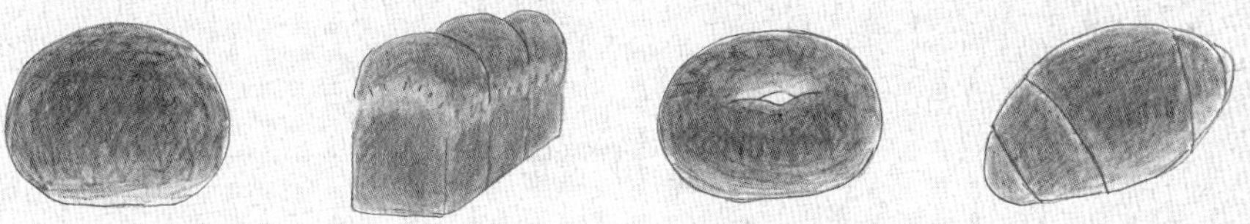

きょうも、パンを焼こう。

門間みか

ぱん工房くーぷの最高においしいおうちパン

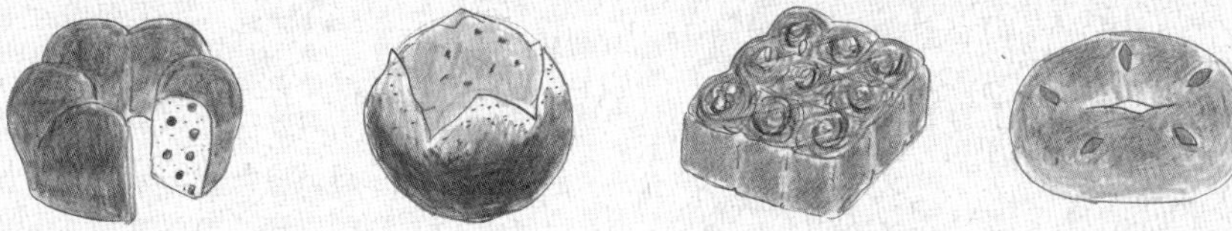

PHP研究所

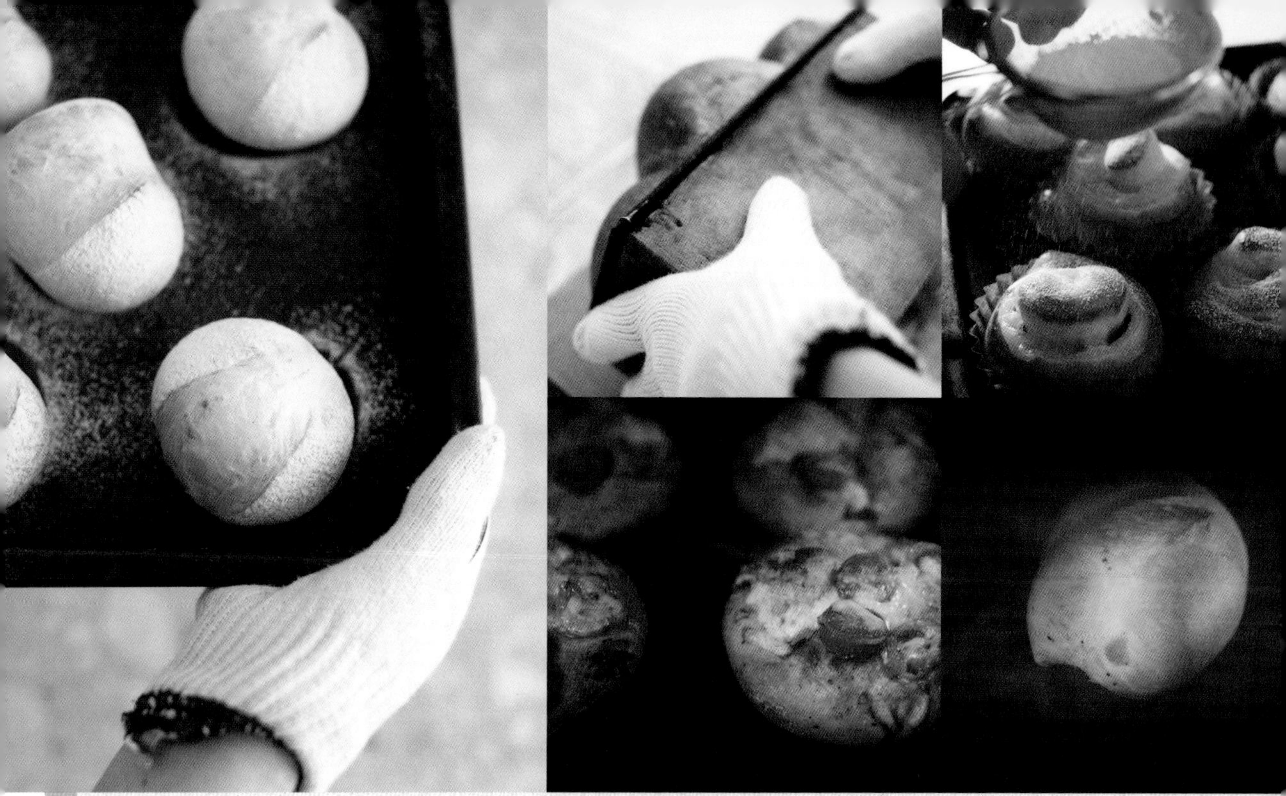

はじめに

こんにちは。門間みかです。
小さなパン教室「ぱん工房くーぷ」をはじめてかれこれ25年。
これまでに数百人の生徒さんにパン作りを教えてきました。

わたしは、ときどきパン研究家と言われます。
そんなとき、わたしはちょっとそわそわします。
わたしはただひたすら、たった2種類の生地とそのアレンジを
飽きもせず、繰り返し繰り返し焼いては紹介しているだけなのです。

え、まさか、と思うかもしれませんが本当です。
飽きもせず、というのは少し語弊があるかもしれませんね。
奥が深くて、この2種で手一杯と言ったほうがよいのかもしれません。

その2種の生地というのが
「基本のリッチ生地」と「基本のリーン生地」です。

もしあなたがまったくの初心者なら、
この基本生地からはじめてほしいのです。
難しいことは考えなくても大丈夫。
10回でも20回でも続けてみてください。
繰り返すうちに配合も手順も覚えます。
自分なりのコツもつかめてきます。

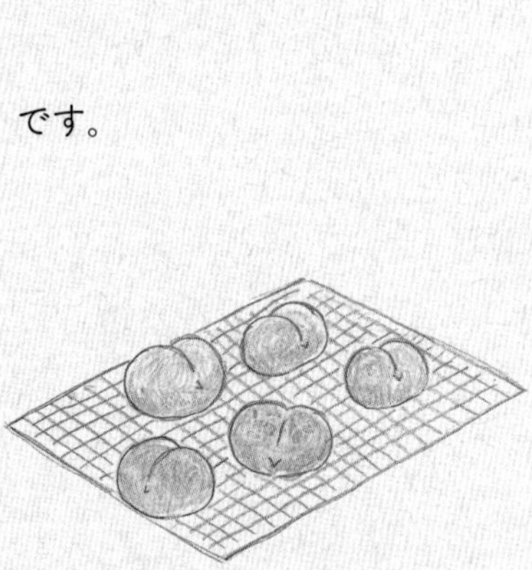

日々の暮らしの中に、生地の世話を自然に
組み込めるようになったころには
パン作りに対し一切の気負いも緊張も
なくなっていることでしょう。

この感覚こそがおうちパンを焼くうえで一番大切なこと、
「ご飯を炊くようにパンを焼く」ということなのです。

この本では、最初に基本生地を詳しく紹介し、
少しずつアレンジ、テクニックを加えました。
簡単なパンから、これが焼けたらちょっとすごいなという
食パンまで紹介しています。
でも、誤解はしないでくださいね。
いろんなレシピのコレクターになる必要は決してありません。
わたし自身、家族のために日常的に焼くパンの種類は
そんなに多くありませんし
年齢も相まってよりシンプルになっています。

あなたと家族にとって必要なパンが
「ご飯を炊くように」何気なく焼けるようになる、
この本がそのお手伝いになればうれしいです。
さあ、きょうもパンを焼きましょう。

Contents

もくじ

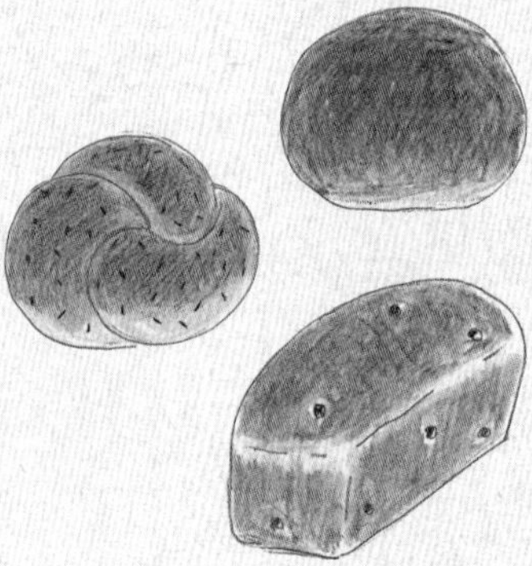

第1章 まいにち焼きたいパン

まずはじめに作りたい

第2章
型で広がる アレンジパン

第3章
最高においしい くーぷの食パン

くーぷ式パン作りとは？

おうちパンには2つのタイプがあると思います。それは“甘くて柔らかいパン”と“さっぱりとしてかためのパン”です。2つのタイプの基本生地をしっかり覚える。それも、もっともシンプルな配合で。そしてやさしい工程で。これが、くーぷ式パン作りの第一歩です。甘くて柔らかいパンは、基本のリッチ生地、さっぱりとしてかためのパンは、基本のリーン生地が担当します。まずはシンプルな丸パンを焼きましょう。やがて少しずつアレンジを。2つの基本生地から広がるおうちパンの世界を楽しんでくださいね。

【 リッチ生地 】

甘くて柔らかく、
菓子パン、総菜パンに向く

牛乳、砂糖、バターをたっぷり使用します。大きくふくらんで美しい褐色のパンが焼きあがります。ほんのり甘く柔らかな食感は子供からご年配の方まで幅広く好まれます。また、扱いやすい生地なので、伸ばす・巻く・結ぶ等の成形もしやすく菓子パンや総菜パンにもぴったりです。

【 リーン生地 】

さっぱりとしてかため、
食事に添えるパンに向く

砂糖、バター(その他の油脂を含む)が少量で、焼き立てのパリッと香ばしいクラスト、あっさりとしながらも噛むほどに味わい深いクラムが特徴です。どんな料理にも合うので食事パンとして毎日の食卓に。また全粒粉やライ麦粉を加えれば風味が増します。

※パンの表皮(食パンの場合「耳」とも言いますね)をクラスト、中の柔らかいところはクラムと呼びます。

パン作りの流れ

※所要時間は目安です

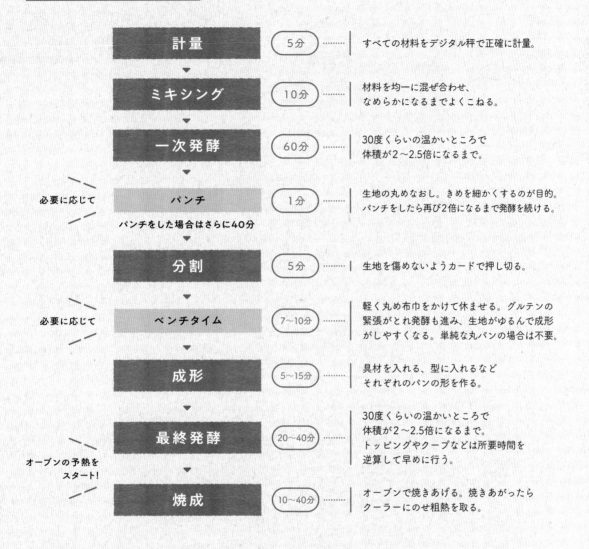

工程	時間	内容
計量	5分	すべての材料をデジタル秤で正確に計量。
ミキシング	10分	材料を均一に混ぜ合わせ、なめらかになるまでよくこねる。
一次発酵	60分	30度くらいの温かいところで体積が2～2.5倍になるまで。
パンチ(必要に応じて)	1分	生地の丸めなおし。きめを細かくするのが目的。パンチをしたら再び2倍になるまで発酵を続ける。
パンチをした場合はさらに40分		
分割	5分	生地を傷めないようカードで押し切る。
ベンチタイム(必要に応じて)	7～10分	軽く丸め布巾をかけて休ませる。グルテンの緊張がとれ発酵も進み、生地がゆるんで成形がしやすくなる。単純な丸パンの場合は不要。
成形	5～15分	具材を入れる、型に入れるなどそれぞれのパンの形を作る。
最終発酵(オーブンの予熱をスタート!)	20～40分	30度くらいの温かいところで体積が2～2.5倍になるまで。トッピングやクープなどは所要時間を逆算して早めに行う。
焼成	10～40分	オーブンで焼きあげる。焼きあがったらクーラーにのせ粗熱を取る。

小麦粉からパンになる。その仕組みを簡単にお話ししましょう。

小麦粉に含まれるたんぱく質（グルテニンとグリアジン）に水を加えると、粘りと弾力をあわせもつ網目状の組織ができます。この組織はこねることで、薄くきめ細かくなります。これがグルテンと呼ばれるパンの骨格です。

イーストは生地中で糖を分解しながら炭酸ガスを発生します。これが発酵です。グルテン組織はイーストが出す炭酸ガスを抱え込む核となります。この生地を成形してオーブンに入れると、核のひとつひとつが風船のようにふくらみ、パンのボリュームが決まります。やがて焼き固まり外側は香ばしいクラストが形成され、内側は小麦粉のでんぷんがα化してふっくらしたクラムになります。

このように、小麦の性質、イーストの活動、人の手の介入、オーブンの熱、そのほかいろいろな力や反応や現象の集大成がパンなのです。

基本の道具

a ボウル
直径24cm、軽くて丈夫なステンレス製。

b デジタル秤
1g単位で量れるデジタル秤。これから買うなら最大3kg、最小0.1gまで量れるものがおすすめ。

c 泡立て器
粉類を均一に合わせ空気を含ませるために使用。

d カード
混ぜる、集める、切るなど用途多様なプラスチックの板。2枚あると便利。

e 麺棒（長・短）
成形や作業スペースによって長短を使い分ける。

f こね板
こねたり成形したり作業台として。テーブルを除菌アルコールで拭いて代用できる。

g ナイフ
クープ入れに使用。ビクトリノックス社のトマトベジタブルナイフかパーリングナイフがおすすめ。

h はさみ
刃が薄くて細いものが使いやすい。100円ショップで購入。

i 定規
成形時、生地のサイズを確認する際に使用。パン用としてキッチンに常備しておくとよい。

j 霧吹き
生地が乾燥しそうなときに軽く吹く。家にあるもので十分。

k 布巾
固くしぼって生地にかけて乾燥防止。軽くて薄いさらしを愛用。

l 刷毛
ツヤ出しやオリーブオイルを塗るのに使用。毛がしなやかなものを。

m 茶こし
仕上げの粉をふる際に使用する。できるだけ網の目の細かいものを。

n オーブンシート（ペーパー）
グラスファイバーにテフロン加工したもの。型に敷くときは使い捨ての紙製を使用。

o 軍手
木綿製を2枚重ねる。指が自在に動き熱い天板や型もしっかり持てる。

p クーラー
焼きあがったパンを冷ます網。

基本の材料

強力粉
たんぱく質量が多い強力粉を使用する。本書ではスーパーカメリヤをメインに用いた。カメリヤでもよい。食パンにはスーパーキング（最強力粉）、リスドォル（フランスパン専用粉）も使用。

インスタントドライイースト
発酵により炭酸ガスを生成し生地をふくらませる。ミキシング時に十分に水分と馴染ませることで活動をはじめる。開封後は冷凍庫で保存する。

塩
主目的は味付けだが、グルテンの引き締め、雑菌の繁殖を抑える効果もある。さらさらの焼塩は計量しやすく生地への分散もスムーズ。

水
粉に加えてこねるとたんぱく質と結びつきグルテンというパンの骨格になる。水道水でよい。人肌に温めて用いる。

牛乳
主にリッチ生地に水分として使用する。まろやかな風味と美しい焼き色がつく。水と同様、人肌に温めて用いる。

きび砂糖
色ツヤ、味、保湿、イーストの栄養として働く。有色のきび砂糖は、入れ忘れ防止になる点でおすすめ。

無塩バター
豊かな風味としなやかな伸展性をもたらしパンにボリュームをもたせる。保水性があるためパンの柔らかさを保つ。

＋αの材料

EXヴァージンオリーブオイル
主にリーン生地で無塩バターの代わりに、また生地に塗って風味付けに用いることもある。鮮度のよいものを。

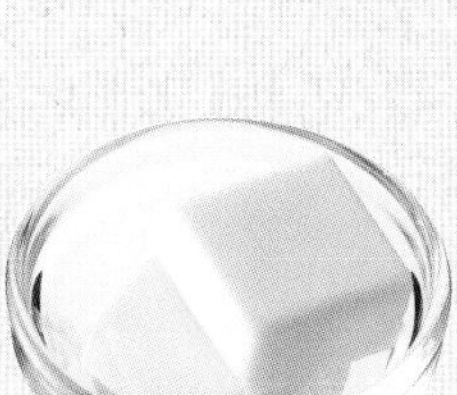

有塩バター
約1.5％の塩分がある。トッピングやクープを開きやすくするための補助油脂として、塩味が効果的に働く場合に用いる。

ショートニング
型離れをよくするために型に薄く塗る。無味無臭のためパンに影響を与えない。

まずはじめに作りたい

リッチ生地の仲間

リーン生地の仲間

ベーグル

ピザ

ベーカーズパーセントとは

粉を100%としたとき他の材料が粉の何%に当たるのかをあらわした数字をベーカーズパーセントといいます。この本では分量の後ろに（　）内で表記しています。ベーカーズパーセントと焼きあがったパンを常に照らし合わせる習慣をつけると、生地の特徴が数字だけでわかるようになり、はじめて焼くパンでも確かなイメージを持って取り組むことができます。また多くても少なくても、作りたい分量を簡単に割り出すことができます（小数点以下は四捨五入）。

レシピの共通ルール

- 大さじは15mℓ、小さじは5mℓです。
- 天板にはオーブンシートを敷きます。
- オーブンはガスオーブンを使用しました。焼成温度や時間はレシピ記載のものを目安に、調整してください。

第 1 章

まいにち焼きたいパン

まずは基本のリッチ生地と基本のリーン生地を繰り返し作って、パン作りの感覚をつかみましょう。続いて、成形を変える、材料をプラスする、置き換えるなど、少しずつアレンジを加えてバリエーションを広げていきます。小さな変化ですが、必ず気づきや学びがあるはずです。おうちパンは頑張り過ぎる必要はありません。食べたいから焼く、焼いてるうちにわかってきた。そんな感じでいいのです。

まずはじめに作りたい

基本のリッチ生地の丸パン

ほんのり甘く柔らかな食感はみんな大好き。
扱いやすい生地、シンプルでわかりやすい工程、
パン作りのあらゆる基礎が網羅されているので
初心者さんはこのパンからはじめてください。

基本のリーン生地の
プチパン

粉を吹いたような表皮にくっきりと開いたクープ。
あっさりと軽く香ばしい食感は飽きがきません。
リーン生地の入門編です。生地の作り方、丸め方、
クープの入れ方をしっかり練習しましょう。

基本のリッチ生地の 丸パン

【 材料 】8個　（ ）内はベーカーズパーセント

- スーパーカメリヤ ………… 200g （100）
- きび砂糖 ………………………… 20g （ 10）
- 塩 ……………………………… 3g （1.5）
- 牛乳 ……………………… 140g （ 70）
- インスタントドライイースト … 3g （1.5）
- 無塩バター ………………… 20g （ 10）

基本のリーン生地の プチパン

【 材料 】6個　（ ）内はベーカーズパーセント

- スーパーカメリヤ ………… 200g （100）
- きび砂糖 ……………………… 5g （2.5）
- 塩 ……………………………… 3g （1.5）
- 水 ……………………………… 130g （ 65）
- インスタントドライイースト … 3g （1.5）
- 無塩バター ………………… 5g （2.5）

- 有塩バター（クープ用）
………………………… 7㎜角6個

作り方〈共通〉

計量

1 バターは室温に戻して柔らかくしておく。牛乳（リッチ）、または水（リーン）は電子レンジで人肌に温める。秤にボウルをのせ強力粉、きび砂糖、塩を量る。

ミキシング

2 ボウル内を泡立て器で数回大きく混ぜて粉類を均一に分散させ、空気を含ませる。ふるうのと同じ効果がある。

3 粉の中央をくぼませ、牛乳（リッチ）、または水（リーン）を注ぐ。イーストを水面に広げるように振り入れ、カードで牛乳（または水）と馴染ませ、周囲の粉を少し混ぜ合わせる。

4

粉を合わせていく途中でバターを加え、全体をざっくりとひとかたまりにまとめたらこね板に出す。ボウルの内側やカードにくっついた生地はきれいにこそげ取る。

5

べたついているうちは片手で、べたつきがとれてきたら両手で、板に押し付けては折りたたむを繰り返してこねる。生地を包み込むようにして手の温かさと板との摩擦で生地温度を上げていくイメージ。

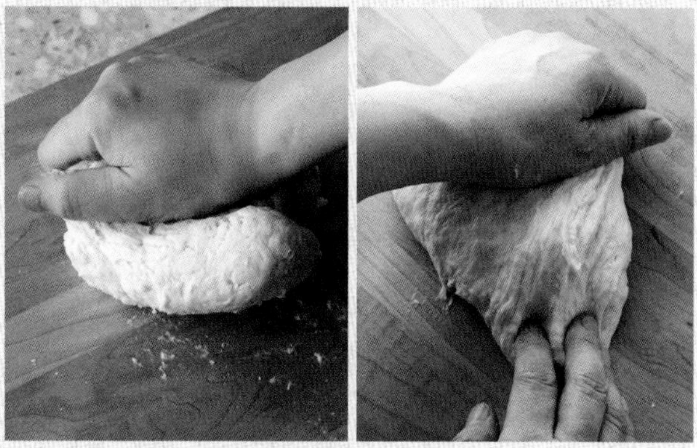

一次発酵

6

なめらかにこねあがったら表面に張りをもたせて丸め、ボウルに戻す。シャワーキャップかビニール袋をかぶせ、温かいところで2～2.5倍の大きさになるまで、一次発酵（50～60分）。

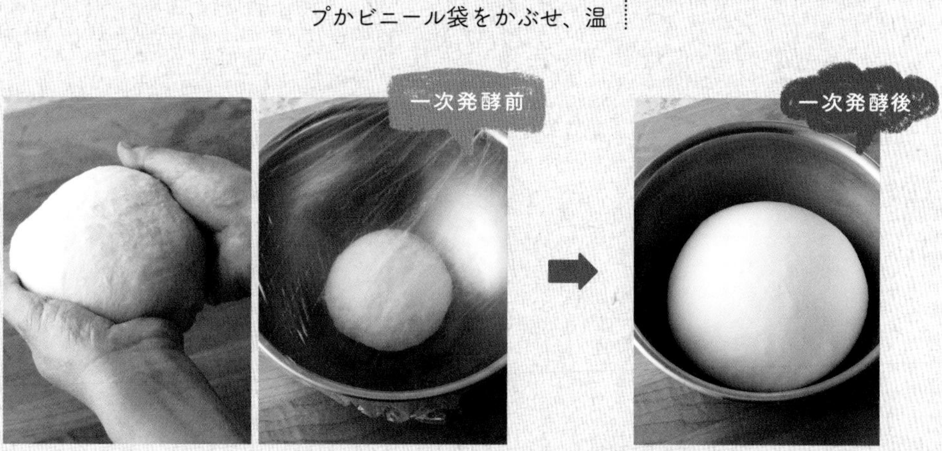

分割

リッチ生地…8分割、リーン生地…6分割

7 ボウルの内壁にカードをぴたりと沿わせ、ぐいぐいっと2カ所ほど差し込み、ボウルとの密着を離す。このとき生地がしぼむが気にしない。なめらかな表面を傷めないように板に取り出し、軽く手でおさえて円盤状にする。カードで8分割（リーン生地は6分割）の見当をつけたらスパッと押し切る。そのままにしておくと再びくっついてしまうので隣と間隔をとる。

【リッチ生地】　【リーン生地】

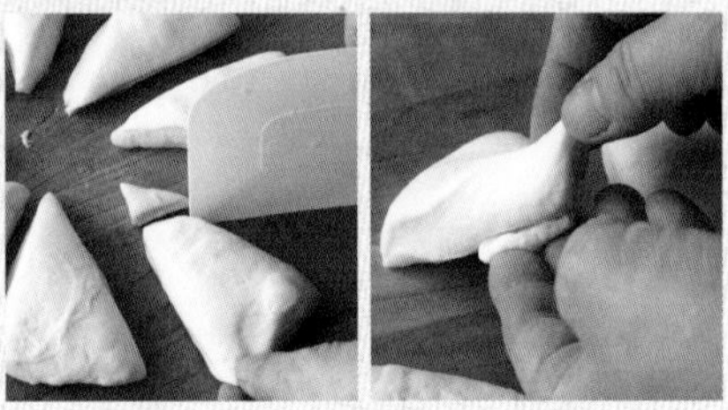

大きさに差があるときは調整する。調整した生地は下にくっつける。

成形

8 なめらかな表面を優しく広げ裏に返す。断面や継ぎ足し生地などを中に入れ込みながら、上下、左右の順に合わせ、一点できゅっと引き締めるように丸める。

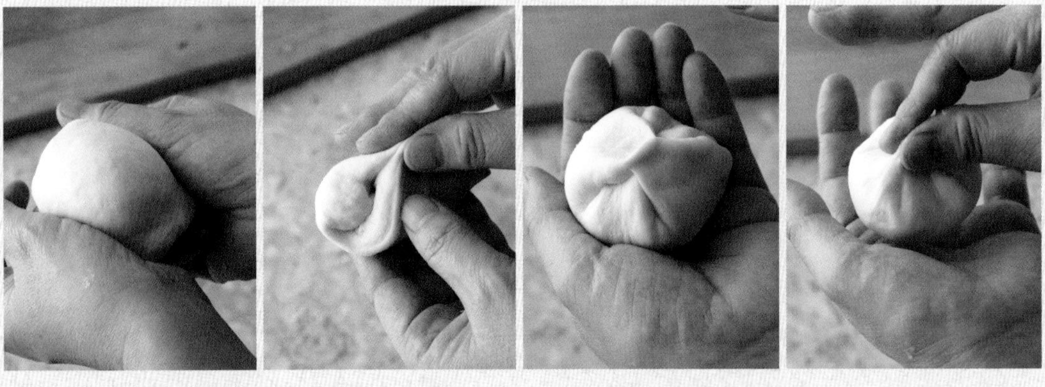

最終発酵

9 オーブンシートを敷いた天板に並べ、乾燥を防ぐために固くしぼったさらしの布巾をかける。生地が2倍くらいの大きさになるまで温かいところで最終発酵（20〜25分）。
リッチ生地は**10**をとばして**11**へ。

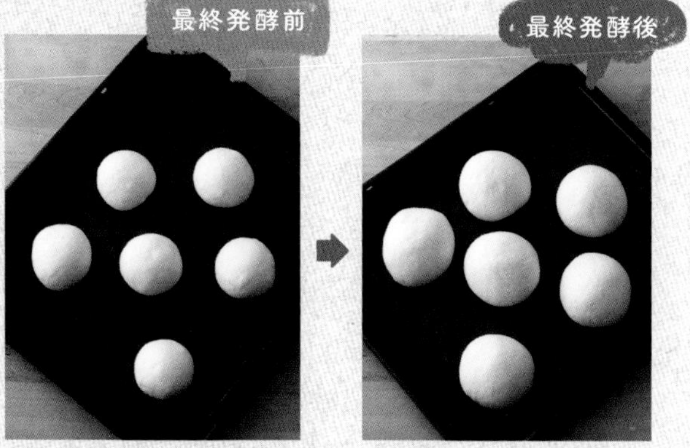

【リーン生地のみ】

10 リーン生地のみ軽く霧を吹き、茶こしで強力粉（分量外）をふる。よく切れるナイフで深さ5㎜程のクープ（切り込み）を入れる。切り口に7㎜角の有塩バターをのせる。

焼成

11 リッチ生地は180℃、リーン生地は190℃に予熱したオーブンで10〜12分焼く。焼きあがったらクーラーにのせて冷ます。

【リッチ生地】

【リーン生地】

コッペパン

昔からある定番パンですが数年前から人気急上昇。
どんなフィリングも受け止める器の大きさや
食べやすい形がその理由かもしれません。
ふかふかコッペパン、
基本のリッチ生地で焼いてみましょう。

バンズ

ハンバーガーをバンズから作る週末、素敵ですよね。
リッチ生地の初歩的なアレンジです。ベンチタイムと
最終発酵は長めにとって生地をゆるめましょう。
上方向の膨張が抑えられ平らに焼きあがります。

コッペパン

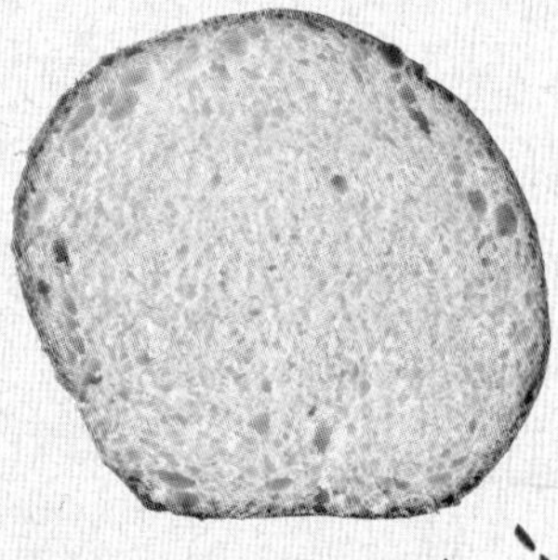

【 材料 】5個　　（ ）内はベーカーズパーセント

- スーパーカメリヤ……200g（100）
- きび砂糖……20g（10）
- 塩……3g（1.5）
- 牛乳……140g（70）
- インスタントドライイースト……3g（1.5）
- 無塩バター……20g（10）

【 作り方 】

1 一次発酵終了まで基本のリッチ生地と同じ。

2 **分割**

生地を5分割。ゆるめに丸め、固くしぼった布巾をかけて10分ベンチタイム。

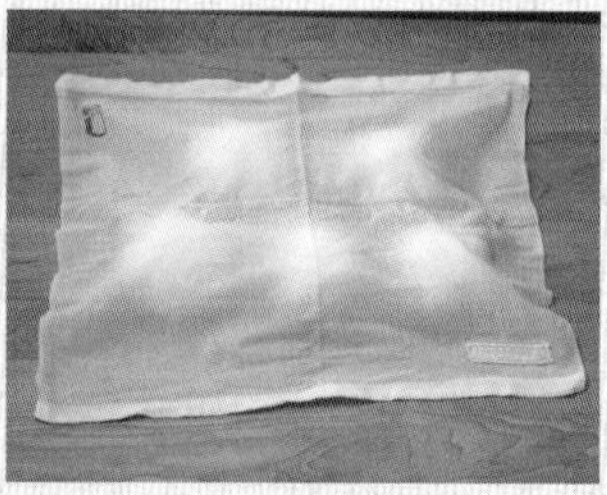

ベンチタイムは (→P108)

3 **成形**

とじめを上に向けておき、手で軽くつぶしてから麺棒をかけて直径11cmの円に伸ばす（a）。手前から巻き（b）、しっかりとじて軽く転がし形を整える（c）。

4 **最終発酵**

とじめを下にして天板に並べ、固くしぼった布巾をかけ、2倍くらいの大きさになるまで温かいところで最終発酵。（d）→（e）

5 **焼成**

180℃に予熱したオーブンで10〜12分焼く。

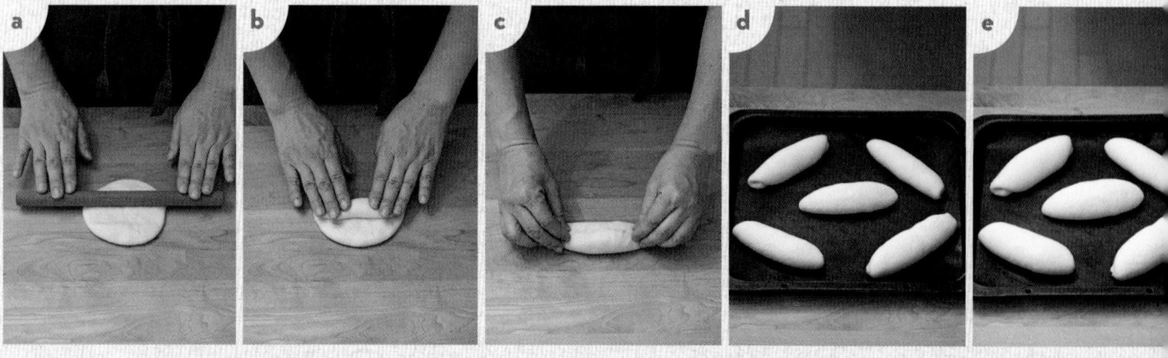

バンズ

【 材 料 】5個　　（ ）内はベーカーズパーセント

- スーパーカメリヤ……………………200g （100）
- きび砂糖………………………………20g （ 10）
- 塩………………………………………3g （1.5）
- 牛乳……………………………………140g （ 70）
- インスタントドライイースト……………3g （1.5）
- 無塩バター……………………………20g （ 10）

【 作り方 】

1 一次発酵終了まで基本のリッチ生地と同じ。

2 **分割**
生地を5分割（a）。ゆったり丸め、天板に並べる。固くしぼった布巾をかけ10分ベンチタイム。

3 **成形**
手のひらを押し当て、直径8㎝くらいの平らな円盤状にする（b）。

4 **最終発酵**
固くしぼった布巾をかけ、厚みが2倍くらいになるまで温かいところで最終発酵。（c）→（d）

5 **焼成**
180℃に予熱したオーブンで10〜12分焼く。

a

b

c

d

コーンマヨロール

タルトのようにカップに敷き込んだ生地に
マヨネーズ和えのコーンをたっぷり詰めます。
チーズやベーコンなど好きなものを
プラスしてもいいですね。

【 材料 】　（　）内はベーカーズパーセント

直径7.5cmのベーキングカップ8個

- スーパーカメリヤ……………200g （100）
- きび砂糖……………………20g （10）
- 塩……………………………3g （1.5）
- 牛乳………………………140g （70）
- インスタントドライイースト…3g （1.5）
- 無塩バター…………………20g （10）

〈フィリング〉
- コーン（缶詰）……………180g
- マヨネーズ…………………60g

〈トッピング〉
- ピザ用シュレッドチーズ……60g
- パセリ………………………適宜
- 粗挽き黒こしょう……………適宜

【 作り方 】

1 一次発酵終了まで基本のリッチ生地と同じ。
一次発酵の間／缶詰のコーンはザルで水気をしっかり切り、マヨネーズで和えておく。

2 **分割**
生地を8分割。ゆるめに丸め、固くしぼった布巾をかけ10分ベンチタイム。

3 **成形**
とじめを下に向け手で軽くつぶし、麺棒をかけて直径11cmの円に伸ばす（a）。
指で押し付けるようにしてベーキングカップに敷き込み（b）（c）、コーンのマヨネーズ和えを入れ、シュレッドチーズを円周にのせる（d）。

4 **最終発酵**
温かいところで2倍くらいの大きさになるまで最終発酵。

5 **焼成**
180℃に予熱したオーブンで10〜12分焼く。パセリ、粗挽き黒こしょうを散らす。

a

b

c

d

ハムエッグロール

パン屋さんでよく見かける総菜パンも
おうちで作ると格別なおいしさ。
巻いてカットして広げて……お子さんと一緒に
楽しく成形してくださいね。

【 材料 】　（　）内はベーカーズパーセント

直径7.5cmのベーキングカップ6個

- スーパーカメリヤ………200g　(100)
- きび砂糖………………20g　(10)
- 塩…………………………3g　(1.5)
- 牛乳……………………140g　(70)
- インスタントドライイースト…3g　(1.5)
- 無塩バター………………20g　(10)

- ロースハム………………6枚

〈フィリング〉
- ゆで卵……………………2個
- マヨネーズ………………60g

〈トッピング〉
- ピザ用シュレッドチーズ…90g
- ディル……………………適宜

断面は
こんな感じ！

【 作り方 】

1
一次発酵終了まで基本のリッチ生地と同じ。
一次発酵の間／ゆで卵を粗くつぶしマヨネーズで和えておく。ハムは表面の水分をペーパーで押さえておく。

2 分割
生地を6分割。ゆるめに丸め、固くしぼった布巾をかけ10分ベンチタイム。

3 成形
とじめを上に向け、手で軽くつぶす。麺棒をかけて直径10cmの円に伸ばし、ハムをのせる（a）。手前から巻き棒状にし（b）、巻き終わりが内側になるように端同士を合わせ、端側を1cm残して2等分にカットする（c）。左右に広げ、ベーキングカップに形を整えながら入れる（d）。このとき生地の底に多少穴があいていても、発酵でほぼふさがるので心配しなくてよい。天板に並べる。

4 最終発酵
温かいところで2倍くらいの大きさになるまで最終発酵。発酵後、ゆで卵のマヨネーズ和え、シュレッドチーズをのせる（e）。

5 焼成
180℃に予熱したオーブンで10〜12分焼く。ディルをあしらう。

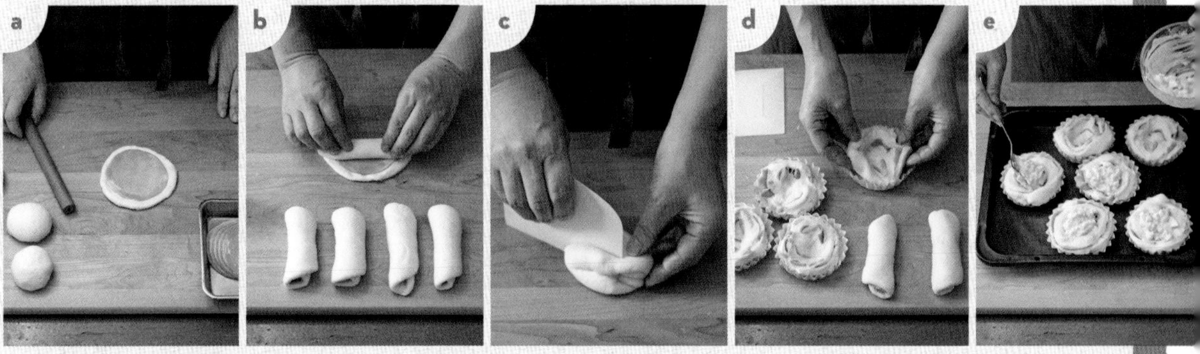

バターロール

基本のリッチ生地に全卵をプラスすると
ふんわりボリューム感が増します。
朝食に、お子さんのおやつに、サンドイッチにと
これさえあれば安心できる
おうちパンの定番です。

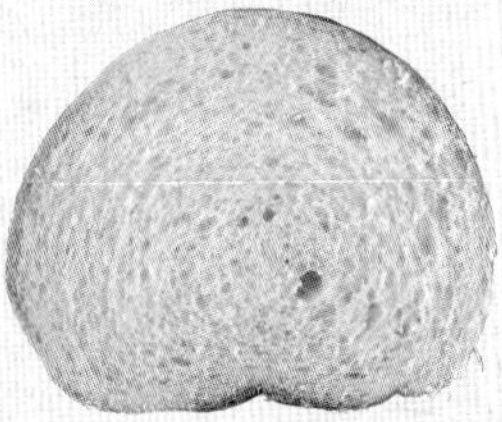

【 材料 】6個　　（ ）内はベーカーズパーセント

- スーパーカメリヤ……………200g　(100)
- きび砂糖…………………………20g　(10)
- 塩………………………………3g　(1.5)
- 牛乳…………………………110g　(55)
- 全卵……………………………30g　(15)
- インスタントドライイースト…3g　(1.5)
- 無塩バター………………………20g　(10)

〈ツヤ出し〉
- 全卵… 30g(生地に使用した残り)
- 水…………………………………5g

卵
水分の一部として加えると、風味や焼き色が増し、きめ細かくボリュームのあるパンになる。

【 作り方 】

1 ミキシング時に牛乳と一緒に全卵も加える。その後は、一次発酵終了まで基本のリッチ生地と同じ要領。

2 **分割**
生地を6分割。ゆるめに丸め、固くしぼった布巾をかけ10分ベンチタイム。

3 **成形**
生地に手のひらを当て、小指、薬指側に重みをかけながら転がし、しずく形にする（a）。固くしぼった布巾をかけて8分休ませる。

4 しずく形を麺棒で長さ25cmくらいに伸ばす（b）。幅の太い方から鉛筆1本分の余裕をもって巻き（c）、天板にとじめを下にして並べる（d）。

5 **最終発酵**
固くしぼった布巾をかけ、2倍くらいの大きさになるまで温かいところで最終発酵。ツヤ出しの材料を合わせ刷毛で丁寧に塗る（e）。

6 **焼成**
180℃に予熱したオーブンで10〜12分焼く。

a

b

c
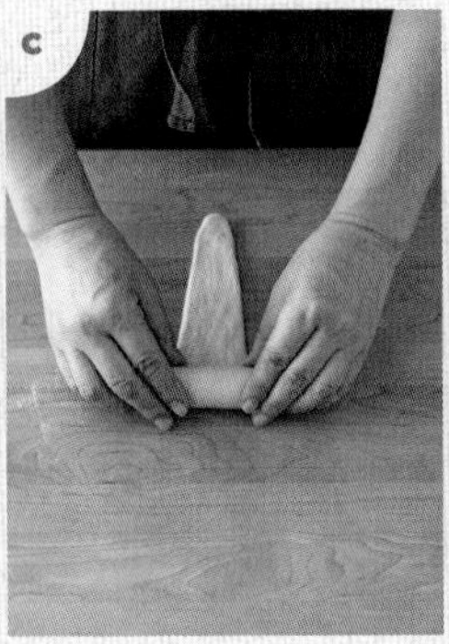
d

e

クリームドーナツ

ドーナツが温かいと中の生クリームが溶けてしまうので
時間に余裕があるときにお試しくださいね。
すぐ食べたい！ そんな時は揚げたてのほわほわに
クリームをつけながら頬張るのもおすすめです。

【 材 料 】8個　　（ ）内はベーカーズパーセント

- スーパーカメリヤ…………200g　（100）
- きび砂糖……………………20g　（ 10）
- 塩……………………………3g　（1.5）
- 牛乳………………………110g　（ 55）
- 全卵…………………………30g　（ 15）
- インスタントドライイースト…3g　（1.5）
- 無塩バター…………………20g　（ 10）

- キャノーラ油（揚げ油）……適宜

〈ホイップクリーム〉
- 生クリーム
（乳脂肪40％以上）………200g
- きび砂糖……………………10g

- 溶けない粉糖………………適宜

【 準 備 】

7cm角にカットしたオーブンペーパーを8枚用意する。

断面は
こんな感じ！

【 作り方 】

1 ミキシング時に牛乳と一緒に全卵も加える。その後は、一次発酵終了まで基本のリッチ生地と同じ要領。

2 **分割**
生地を8分割する。ゆるめに丸め、1個ずつオーブンペーパーの上にのせる。固くしぼった布巾をかけ10分ベンチタイム。

3 **成形**
手のひらを押し当て直径8cmくらいの平らな円にする（a）。

4 **最終発酵**
固くしぼった布巾をかけ、2倍弱ほどの大きさになるまで温かいところで最終発酵（b）。

5 **揚げる**
揚げ鍋にキャノーラ油を160℃に熱し、生地をペーパーごと油に入れる。ペーパーは自然に剥がれたら取り出す。片面4分ずつきつね色になるまで揚げる（c）。ひっくり返す回数を抑えると側面に白いラインができる。

6 完全に冷ました後、側面から刃の細いナイフを差し込み、ドーナツを内側から破らないように気をつけながら水平に動かしてクリームを詰める隙間を作る（d）。

7 生クリームにきび砂糖を加えて柔らかくツノが立つまで泡立て、口金をつけたしぼり袋に詰め、ドーナツにしぼり込む。溶けない粉糖を茶こしでふる。

a

b

c

d
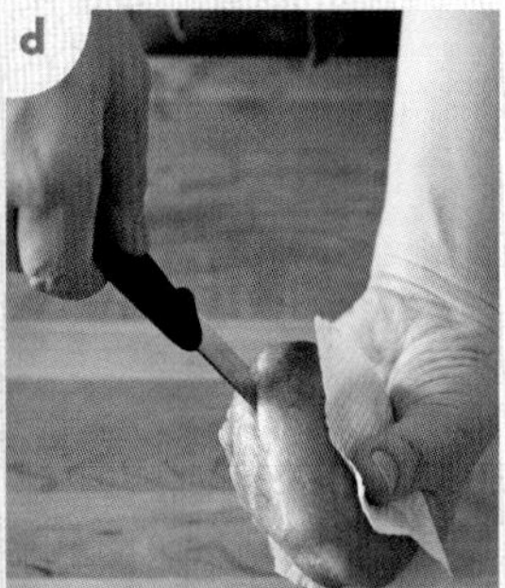

レモンロール

フィリングを広げ、巻いて、カットして、断面を上に向けます。
この成形は応用範囲が広いので覚えておきましょう。
レモンフィリングはしっかり冷やし、手早くカット、流れ出る前に
すぐベーキングカップに入れるのが、美しく仕上げるコツです。

【 材 料 】直径7.5cmのベーキングカップ8個

（ ）内はベーカーズパーセント

- スーパーカメリヤ……200g （100）
- きび砂糖……20g （10）
- 塩……3g （1.5）
- 牛乳……110g （55）
- 全卵……30g （15）
- インスタントドライイースト……3g （1.5）
- 無塩バター……20g （10）

〈レモンフィリング〉
- 全卵……60g
- グラニュー糖……80g
- 薄力粉……12g
- レモン汁……60g
- 無塩バター……20g

〈ツヤ出し〉
- 全卵……30g（生地に使用した残り）
- 水……5g

〈トッピング〉
- 溶けない粉糖……適宜

断面は
こんな感じ！

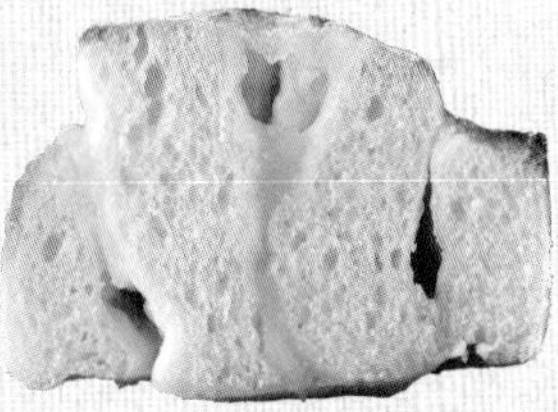

【 準備 】

レモンフィリングを作る。

【 作り方 】

1 ミキシング時に牛乳と一緒に全卵も加える。その後は、一次発酵終了まで基本のリッチ生地と同じ要領。

2 **成形・分割**
成形前に軽く丸めなおし、30分ほど冷蔵庫に入れ生地を締める（成形がしやすくなる）。

3 生地を25cm角に伸ばし、レモンフィリングを上部1.5cm残して塗る（a）。カードを使うと伸ばしやすい。

4 手前から巻く（b）。巻き終わりをとじて、軽く転がして馴染ませる。カードで8等分の目安をつける。糸を生地の下に通し、上で交差させてきゅっとしぼり8分割（c）。断面を上に向けてカップに入れ天板に並べる（d）。

5 **最終発酵**
2倍くらいの大きさになるまで温かいところで最終発酵。生地の部分にツヤ出しを刷毛で丁寧に塗る（e）。

6 **焼成**
180℃に予熱したオーブンで10〜12分焼く。

7 溶けない粉糖を茶こしでふる。

レモンフィリングの作り方

無塩バター以外の材料をよく混ぜ、漉して耐熱容器に入れる。ふわっとラップをかけ電子レンジで1分加熱し、よく混ぜる。透明感が出るまで、30秒加熱する・混ぜるを繰り返し、ツヤのあるクリーム状になったらバターを加え余熱で溶かす。小さなバットに流し表面にラップを貼り付け、粗熱が取れたら冷蔵庫で冷やす。

a

b
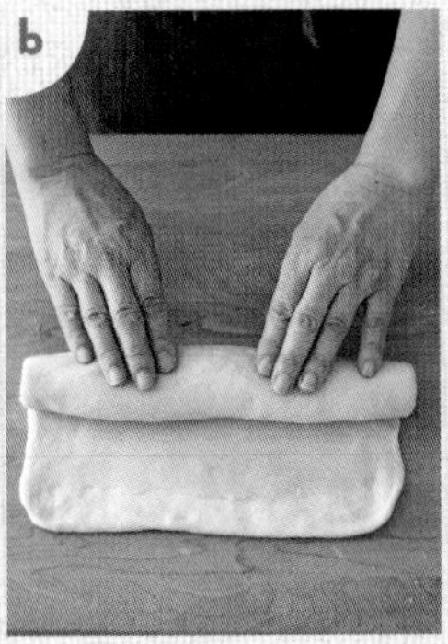

c
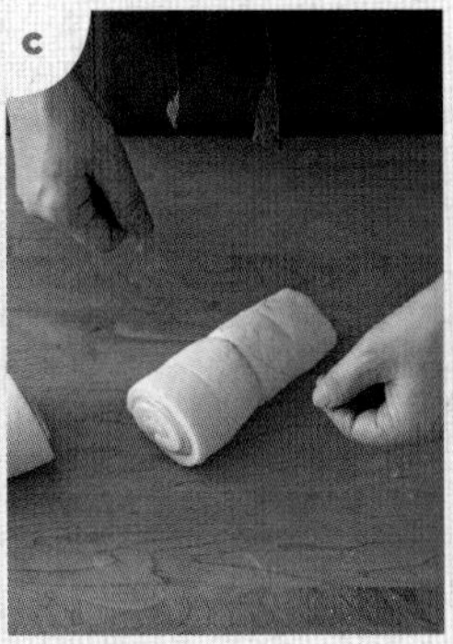

d

e

セサミロール

基本のリッチ生地に香ばしい黒ゴマを加えました。
ゴマが水分を吸うので牛乳を増量してバランスをとりましょう。
3つのリングが絡まったような成形は
余裕をもって長めに伸ばすと結びやすくなります。

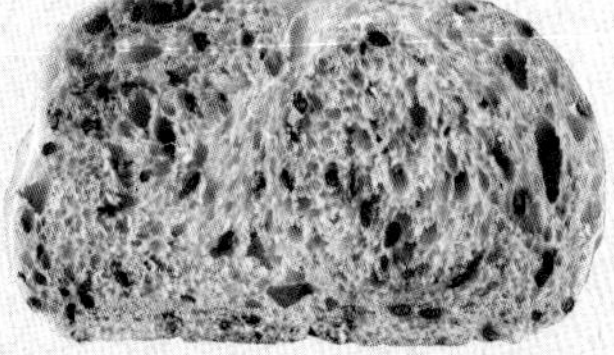

【 材料 】8個　（ ）内はベーカーズパーセント

- スーパーカメリヤ……………200g　（100）
- きび砂糖…………………………20g　（ 10）
- 塩…………………………………3g　（1.5）
- 黒ゴマ……………………………30g　（ 15）
- 牛乳………………………………160g　（ 80）
- インスタントドライイースト…3g　（1.5）
- 無塩バター………………………20g　（ 10）

ゴマ
炒りゴマを用いる。栄養価が高く生地に入れると香ばしい。白、黒お好みで。

【 作り方 】

1 計量時に黒ゴマを粉類と一緒にボウルに量り込む。その後は、一次発酵終了まで基本のリッチ生地と同じ要領。

2 分割
生地を8分割。ゆったり丸め、固くしぼった布巾をかけ10分ベンチタイム。

3 成形
手のひらで軽く押しつぶし、手前から巻く。両手を当てて転がして20cmくらいのひも状にし（a）、ひと結びして（b）（c）生地の両端をつなぐ。天板に並べる（d）。

4 最終発酵
固くしぼった布巾をかけ、2倍くらいの大きさになるまで温かいところで最終発酵（e）。

5 焼成
180℃に予熱したオーブンで10～12分焼く。

a
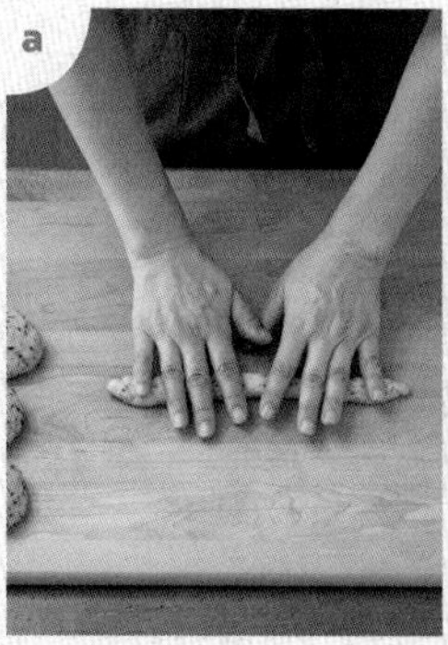
b

c

d

e

スイートポテトブール

白ゴマ入りのリッチ生地＋さつまいもあん＋クッキー生地。
パーツを丁寧に組み立てていきましょう。
時間がないときは、さつまいもあんを包むだけ、
クッキー生地をかけるだけ、でもOKですよ。

【 材料 】9個　（ ）内はベーカーズパーセント

- スーパーカメリヤ……200g （100）
- きび砂糖……20g （10）
- 塩……3g （1.5）
- 白ゴマ……30g （15）
- 牛乳……160g （80）
- インスタントドライイースト…3g （1.5）
- 無塩バター……20g （10）

〈さつまいもあん〉
- さつまいも（皮をむいて）…200g
- 上白糖……40g
- 塩……ひとつまみ
- 無塩バター……20g
- 牛乳……15g

〈さつまいもの蜜煮〉
- さつまいも（皮付き）……50g
- はちみつ……20g
- 水……5g

〈クッキー生地〉
- 無塩バター……30g
- きび砂糖……30g
- 全卵……30g
- 薄力粉……20g
- アーモンドプードル……10g

- 黒ゴマ……適宜

【 準備 】

さつまいもあんとさつまいもの蜜煮を作り、両方を混ぜて9等分にしておく。

【 作り方 】

1 計量時に白ゴマを粉類と一緒にボウルに量り込む。その後は、一次発酵終了まで基本のリッチ生地と同じ要領。

2 分割
生地を9分割（→P107）。ゆったり丸め、固くしぼった布巾をかけ10分ベンチタイム。

3 成形
手のひらで軽く押しつぶし、丸めた蜜煮入りのさつまいもあんを包む（a）。とじめを下にして天板に並べる。

4 最終発酵
固くしぼった布巾をかけ、2倍くらいの大きさになるまで温かいところで最終発酵。

5 最終発酵を終える少し前にクッキー生地を作る。室温に戻した無塩バターを泡立て器で柔らかく練り、きび砂糖、全卵、薄力粉、アーモンドプードルを順に加え、その都度よく混ぜる。なめらかになったらしぼり袋に入れる。最終発酵を終えた生地の上に渦巻き状にしぼる（b）。黒ゴマを散らす。黒ゴマは焼いている途中で流れるので、上部を中心に散らすとよい（c）。

6 焼成
180℃に予熱したオーブンで10〜12分焼く。

さつまいもあんの作り方

さつまいもは皮をむき1cmの輪切りにして柔らかく茹で、水気を切って熱いうちにマッシャーで丁寧につぶす。上白糖、塩、無塩バター、牛乳を加えてよく混ぜる。

さつまいもの蜜煮の作り方

皮付きのさつまいもはよく洗って8mm角に切り、わずかに芯が残る程度に茹で水気を切る。小鍋にはちみつと水を入れ、ひと煮立ちしたところへ水気を切ったさつまいもを加え、蜜を煮からめる。

a

b

c

ポテトペッパーブレッド

じゃがいものマッシュを加えたリッチ生地を大きく焼きました。
粗挽きの黒こしょうがぴりっとアクセント。
しっとりもっちり食感があとをひくおいしさです。
ころころと丸パンにしてもかわいいですよ。

【 材料 】2個　（ ）内はベーカーズパーセント

- スーパーカメリヤ……………200g　（100）
- きび砂糖……………………20g　（ 10）
- 塩………………………………3g　（1.5）
- 粗挽き黒こしょう……………2g　（ 1）
- じゃがいものマッシュ………40g　（ 20）
- 牛乳…………………………140g　（ 70）
- インスタントドライイースト…3g　（1.5）
- 無塩バター……………………20g　（ 10）

- 有塩バター（クープ用）………適宜

じゃがいものマッシュ
串が通るまで加熱して皮を除き、フォークでなめらかにつぶす。

【 作り方 】

1
計量時に粗挽き黒こしょうを粉類と一緒にボウルに量り込む。ミキシング時に無塩バターと一緒にじゃがいものマッシュを加える。その後は、一次発酵終了まで基本のリッチ生地と同じ要領。

2 分割
生地を2分割。ゆったり丸め、固くしぼった布巾をかけ10分ベンチタイム。

3 成形
とじめを上に向けておき、手で軽くつぶしてから麺棒をかけて直径15cmの円に伸ばす（a）。手前から巻き（b）、しっかりとじて軽く転がし形を整え、とじめを下にして天板に並べる。（c）

4 最終発酵
固くしぼった布巾をかけ、2倍くらいの大きさになるまで温かいところで最終発酵。

5
よく切れるナイフで深さ5mm程のクープを斜めに2本入れる（d）。切り口に柔らかくしたバターを細くしぼる（e）。

6 焼成
180℃に予熱したオーブンで15〜18分焼く。

a

b

c

d

e

明太ポテマヨロール

じゃがいも入りの生地は総菜パンのベースにも重宝します。
明太子とマヨネーズ、そしてチーズとくれば、相性ばっちり。
フィリングを包むコツは生地の周囲を汚さないことです。
慣れるまでは気持ち生地を大きく伸ばすとうまくいきますよ。

【 材料 】8個　（ ）内はベーカーズパーセント

- スーパーカメリヤ……200g（100）
- きび砂糖……20g（10）
- 塩……3g（1.5）
- 粗挽き黒こしょう……2g（1）
- じゃがいものマッシュ……40g（20）
- 牛乳……140g（70）
- インスタントドライイースト…3g（1.5）
- 無塩バター……20g（10）

〈明太子フィリング〉
- じゃがいものマッシュ……150g
- 明太子……70g
- 無塩バター……20g
- マヨネーズ……30g

〈トッピング〉
- マヨネーズ……適宜
- ピザ用シュレッドチーズ……80g
- 万能ねぎ（小口切り）……適宜
- 刻み海苔……適宜

【 準備 】

明太子フィリングの材料をすべて混ぜ合わせ8等分し、丸めておく。

【 作り方 】

1 計量時に粗挽き黒こしょうを粉類と一緒にボウルに量り込む。ミキシング時に無塩バターと一緒にじゃがいものマッシュを加える。その後は、一次発酵終了まで基本のリッチ生地と同じ要領。

2 分割
生地を8分割。ゆったり丸め、固くしぼった布巾をかけ10分ベンチタイム。

3 成形
手のひらで軽く押しつぶしフィリングを包み（a）（b）（c）、とじめを下にして天板に並べる。

4 最終発酵
固くしぼった布巾をかけて、2倍くらいの大きさになるまで温かいところで最終発酵。

5 軽く霧を吹いて茶こしで強力粉（分量外）をふり、はさみで十字に切り込む（d）。切り口にマヨネーズをしぼり、シュレッドチーズをのせる（e）。

6 焼成
180℃に予熱したオーブンで15〜18分焼く。万能ねぎ、刻み海苔を散らす。

a

b

c

d

e

直焼きマフィン

基本のリーン生地をホットプレートかフライパンで
両面しっかり焼きます。ちょっぴり焦げ目がつくくらいが
素朴なお焼きのような感じがして好き。
オーブンも型も必要ない気楽なマフィン、ぜひお試しを。

クーペ

基本のリーン生地をラグビーボール形にし
1本クープを入れました。こういう形のパンを
「クーペ」や「クッペ」と呼びます。
スープや煮込み料理に添えたい食事パンです。

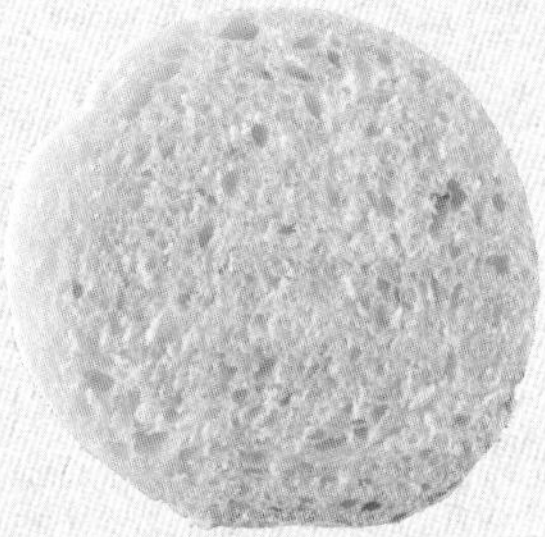

直焼きマフィン

断面は
こんな感じ!

【 材料 】6個　（ ）内はベーカーズパーセント

- スーパーカメリヤ…………200g　(100)
- きび砂糖…………………………5g　(2.5)
- 塩…………………………………3g　(1.5)
- 水……………………………130g　(65)
- インスタントドライイースト…3g　(1.5)
- 無塩バター………………………5g　(2.5)

- コーングリッツ……………適宜

【 作り方 】

1 一次発酵終了まで基本のリーン生地と同じ。

2 **分割**

生地を6分割。

3 **成形**

きっちり丸め、全体に霧を吹いて表面を湿らせ、コーングリッツをまぶす（a）。

4 **最終発酵**

固くしぼった布巾をかけ、2倍くらいの大きさになるまで温かいところで最終発酵。（b）→（c）

5 **焼成**

160℃に予熱したホットプレートにのせる（d）。蓋をして、片面約4分ずつ、両面をこんがりと焼く。
焼いているうちにホットプレートに当たる面が平らになり、自然に厚みのある円盤形になる。

a

b

c

d

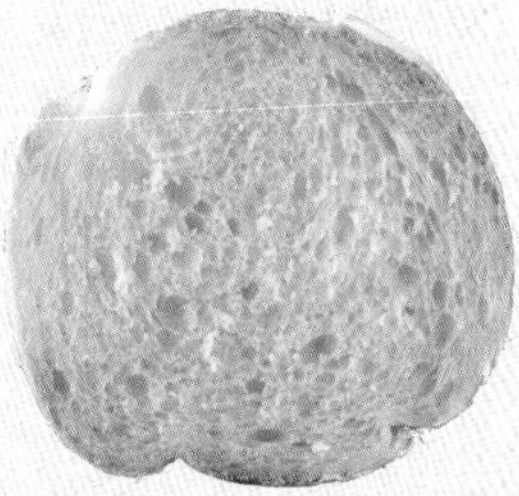

クープ

【 材料 】6個　（ ）内はベーカーズパーセント

- スーパーカメリヤ……… 200g （100）
- きび砂糖……………………… 5g （2.5）
- 塩……………………………… 3g （1.5）
- 水…………………………… 130g （ 65）
- インスタントドライイースト… 3g （1.5）
- 無塩バター…………………… 5g （2.5）

- 有塩バター（クープ用）……… 適宜

【 作り方 】

1 一次発酵終了まで基本のリーン生地と同じ。

2 **分割**
生地を6分割。ゆったり丸め、固くしぼった布巾をかけ10分ベンチタイム。

3 **成形**
とじめを上におき、麺棒で直径10cmの円に伸ばす（a）。左右を斜めに折り上げ扇形にして（b）、まっすぐ巻く。しっかりとじて（c）軽く転がし形を整え、とじめを下にして天板に並べる（d）。

4 **最終発酵**
固くしぼった布巾をかけ、2倍くらいの大きさになるまで温かいところで最終発酵。

5 強力粉（分量外）をふり、よく切れるナイフで深さ5㎜程のクープを中央に入れる。切り口に柔らかくしたバターを細くしぼる（e）。

6 **焼成**
190℃に予熱したオーブンで10〜12分焼く。

a

b

c

d

e

全粒粉入りブレッチェン

基本のリーン生地の一部を全粒粉に置き換えるとざっくり素朴な印象に。ベンチタイムと最終発酵の時間をゆったりとって、生地がはね返そうとする力をゆるませると溝がきれいに出ます。

【 材料 】6個　（ ）内はベーカーズパーセント

● スーパーカメリヤ	160g	（80）
● 全粒粉	40g	（20）
● きび砂糖	5g	（2.5）
● 塩	3g	（1.5）
● 水	130g	（65）
● インスタントドライイースト	3g	（1.5）
● 無塩バター	5g	（2.5）

全粒粉

小麦を殻ごと挽いたもの。栄養価が高く素朴な風合いがある。この本では口当たりのよい細挽きを使用する。

【 作り方 】

1 計量時に全粒粉を粉類と一緒にボウルに量り込む。その後は、一次発酵終了まで基本のリーン生地と同じ要領。

2 **分割**
生地を6分割。きっちり丸め、固くしぼった布巾をかけ10分ベンチタイム。

3 **成形**
軽く全粒粉（分量外）をふり、中央に菜箸を深く押し当て、前後に転がして深い溝を作る（a）。左右の端をつまんでギュッと寄せて形を整え（b）、天板に並べる（c）。

4 **最終発酵**
固くしぼった布巾をかけ、2倍くらいの大きさになるまで温かいところで最終発酵（d）。

5 **焼成**
190℃に予熱したオーブンで10〜12分焼く。

a

b

c

d

ベーコンと大葉のエピ

基本のリーン生地ベースだからハード過ぎない。
この食べやすさがお気に入り。独特の成形は
はさみを思いきり寝かせて深くカットし、はさみごと
左右にひょいひょいとふりわけていきましょう。

断面は
こんな感じ！

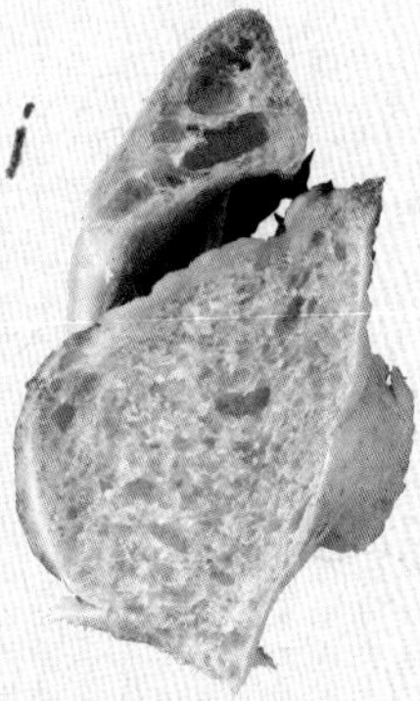

【 材料 】3個　　（ ）内はベーカーズパーセント

- スーパーカメリヤ……………160g　（80）
- 全粒粉………………………40g　（20）
- きび砂糖………………………5g　（2.5）
- 塩………………………………3g　（1.5）
- 水……………………………130g　（65）
- インスタントドライイースト……3g　（1.5）
- 無塩バター……………………5g　（2.5）

- スライスベーコン……………3枚
- 大葉……………………………6枚
- 粗挽き黒こしょう……………適宜

【 作り方 】

1 計量時に全粒粉を粉類と一緒にボウルに量り込む。その後は、一次発酵終了まで基本のリーン生地と同じ要領。

2 **分割**
生地を3分割。ゆったり丸め、固くしぼった布巾をかけ10分ベンチタイム。

3 **成形**
麺棒で長さ22cmの楕円に伸ばす（a）。生地を横におきなおして粗挽き黒こしょうをふり、大葉、ベーコンをのせる。端から巻いて（b）しっかりとじ、軽く転がして棒状に整える（c）。とじめを下にして天板に並べる。

4 **最終発酵**
固くしぼった布巾をかけ、2倍くらいの大きさになるまで温かいところで最終発酵。

5 はさみを思い切り寝かせて、6～7カ所、ぎりぎりまで深く切り込み、その都度左右にふりわける（d）。

6 **焼成**
190℃に予熱したオーブンで15分焼く。

a
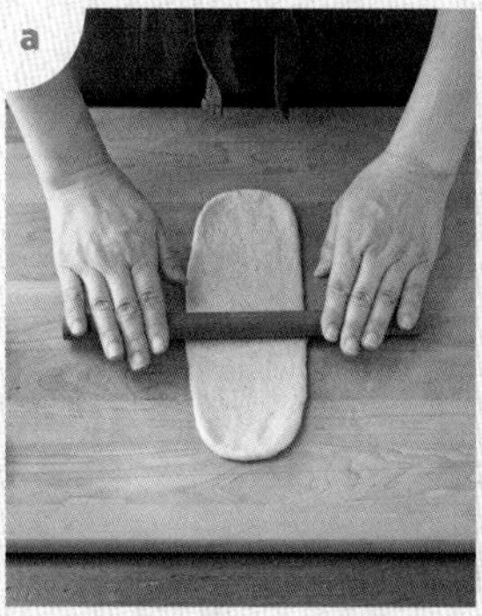
b

c

d

プチトマトとアンチョビのフォカッチャ

リーン生地にトマトジュースとハーブが加わり、
一気にイタリア風になりました。時間とともに
プチトマトの水分が生地にまわってしまうから、
ぜひ焼き立てを味わってくださいね。

【 材料 】4個　（ ）内はベーカーズパーセント

- スーパーカメリヤ……………200g　（100）
- きび砂糖……………………10g　（ 5）
- 塩……………………………3g　（1.5）
- イタリアンハーブミックス……1g　（0.5）
- トマトジュース………………130g　（ 65）
- インスタントドライイースト…3g　（1.5）
- EXヴァージンオリーブオイル
……………………………10g　（ 5）

〈トッピング〉

- EXヴァージンオリーブオイル………適宜
- プチトマト……………………8～10粒
- アンチョビフィレ……………………4枚
- ピザ用シュレッドチーズ……………40g

トマトジュース
塩分不使用のもの。トマト主体の野菜ミックスジュースでもよい。

イタリアンハーブミックス
ドライのバジル、タイム、オレガノ、パセリを同量ずつ混ぜ合わせたもの。トマト生地によく合う。密閉容器で冷凍庫で保存する。

【 作り方 】

1 計量時にイタリアンハーブミックスを粉類と一緒にボウルに量り込む。ミキシング時にトマトジュース、EXヴァージンオリーブオイルを加える（a）。その後は、一次発酵終了まで基本のリーン生地と同じ要領。

2 **分割**
生地を4分割。ゆったり丸め天板に並べ、固くしぼった布巾をかけ10分ベンチタイム。

3 **成形**
手のひらで平らに押しつぶし（b）、EXヴァージンオリーブオイルを刷毛で塗る（c）。数カ所指で穴をあけ（d）、アンチョビ（小さくちぎる）とプチトマト（2つ割り）を適当に押し込む。シュレッドチーズをのせる（e）。

4 **最終発酵**
2倍くらいの大きさになるまで温かいところで最終発酵。

5 **焼成**
190℃に予熱したオーブンで10～12分焼く。

a

b

c

d

e

トマトのダブル フロマージュ

中にはプロセスチーズをブロックで
上にはとろけるチーズをたっぷりと。
チーズとトマトのハーモニーがたまりません。
4分割で大きく焼いたので食べ応えは十分です。

断面は
こんな感じ！

【 材料 】4個　　（ ）内はベーカーズパーセント

- スーパーカメリヤ……………200g　（100）
- きび砂糖…………………………10g　（ 5）
- 塩…………………………………3g　（1.5）
- イタリアンハーブミックス（→P49）
　……………………………………1g　（0.5）
- トマトジュース……………130g　（ 65）
- インスタントドライイースト…3g　（1.5）
- EXヴァージンオリーブオイル
　……………………………………10g　（ 5）

- ベビーチーズ…………………8個

〈トッピング〉
- マヨネーズ……………………適宜
- ピザ用シュレッドチーズ……60g
- ピンクペッパー………………適宜

【 準備 】

ベビーチーズ2個をそれぞれ2：1にカットし、まず正方形のチーズを重ね、その上に切れ端を並べて重ねる。8個のベビーチーズからキューブ形状のブロックが4個できる。

ベビーチーズ
いろいろな味があるがお好みのものでOK。ここではゴルゴンゾーラ味を使用。

【 作り方 】

1 計量時にイタリアンハーブミックスを粉類と一緒にボウルに量り込む。ミキシング時にトマトジュース、EXヴァージンオリーブオイルを加える。その後は、一次発酵終了まで基本のリーン生地と同じ要領。

2 **分割**
生地を4分割。ゆったり丸め、固くしぼった布巾をかけ10分ベンチタイム。

3 **成形**
ベビーチーズを包み、とじめを下にして天板に並べる（a）（b）。

4 **最終発酵**
固くしぼった布巾をかけ、2倍くらいの大きさになるまで温かいところで最終発酵。

5 強力粉（分量外）をふり、はさみで十字に切り込み（c）、マヨネーズをしぼり、シュレッドチーズをのせる（d）。

6 **焼成**
190℃に予熱したオーブンで15分焼く。焼きあがりにピンクペッパー数粒を指先でひねりながら散らす。

a
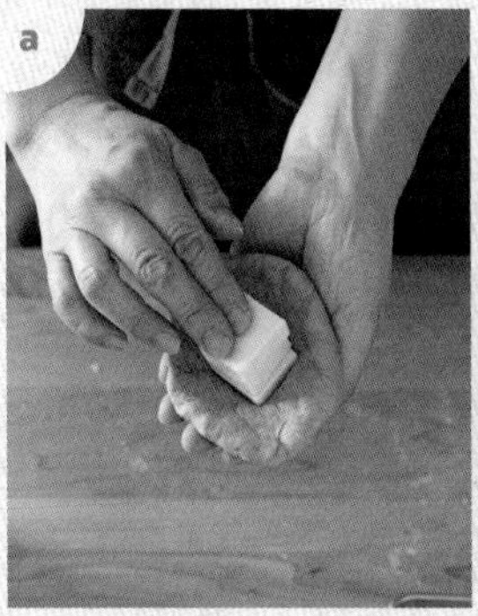

b

c

d

ミルクフランス

リーン生地を牛乳でこねたら、
さっぱりしながらもまろやかな口当たり。
余計な甘さがないので料理を引き立てます。
歯切れのよさはサンドイッチにもぴったり。

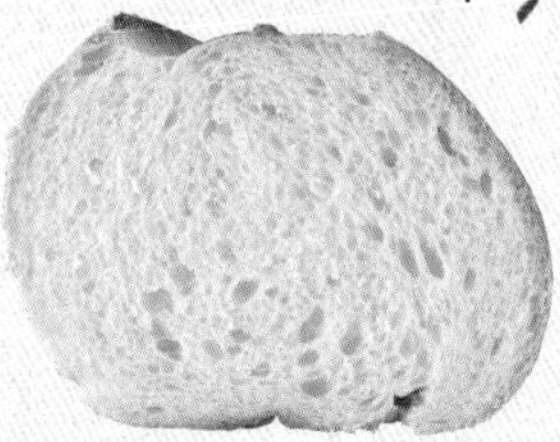

【 材料 】4個　（ ）内はベーカーズパーセント

- スーパーカメリヤ……………200g　(100)
- きび砂糖…………………………5g　(2.5)
- 塩………………………………3g　(1.5)
- 牛乳…………………………140g　(70)
- インスタントドライイースト　3g　(1.5)
- 無塩バター………………………5g　(2.5)

- 有塩バター（クープ用）……… 適宜

【 作り方 】

1 ミキシング時に牛乳を加える。その後は、一次発酵終了まで基本のリーン生地と同じ要領。

2 **分割**
生地を4分割。ゆったり丸め、固くしぼった布巾をかけ10分ベンチタイム。

3 **成形**
とじめを上におき、麺棒で直径15cmの円に伸ばす。手前から巻き、しっかりとじて軽く転がし形を整える（a）（b）。とじめを下にして天板に並べる（c）。

4 **最終発酵**
固くしぼった布巾をかけ、2倍くらいの大きさになるまで温かいところで最終発酵。

5 強力粉（分量外）をふり、よく切れるナイフで深さ5mm程のクープを2本入れる（d）。切り口に柔らかくしたバターを細くしぼる（e）。

6 **焼成**
190℃に予熱したオーブンで15分焼く。

a

b
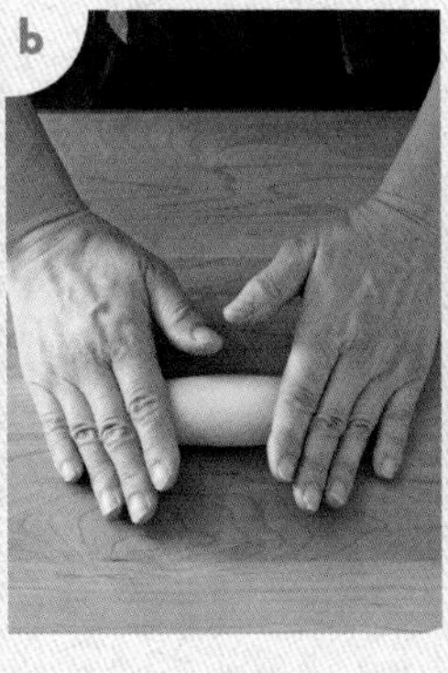
c

d

e

チョコとオレンジのおやつパン

ミルクフランスの生地でほろ苦いオレンジピールと
バトンチョコを包みました。
子供にも持ちやすい形とサイズ。
スナック感覚であっという間に食べてしまいそう。

断面は
こんな感じ！

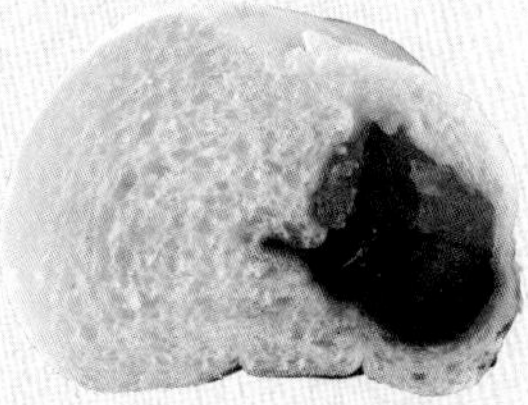

【材料】10個　（　）内はベーカーズパーセント

- スーパーカメリヤ……………200g　（100）
- きび砂糖……………………5g　（2.5）
- 塩……………………………3g　（1.5）
- 牛乳…………………………140g　（70）
- インスタントドライイースト…3g　（1.5）
- 無塩バター…………………5g　（2.5）

〈フィリング〉

- バトンショコラ……………20本
- 刻みオレンジピール………50g

バトンショコラ

ヴァローナ製。パンオショコラや菓子パンに使用する棒状のチョコレート。サイズは80×9×3.8㎜。

刻みオレンジピール

うめはらの刻みオレンジピールを愛用。しっとりして使いやすい。

【作り方】

1 ミキシング時に牛乳を加える。その後は、一次発酵終了まで基本のリーン生地と同じ要領。

2 **分割**

生地を10分割（→P107）。ゆったり丸め、固くしぼった布巾をかけ10分ベンチタイム。

3 **成形**

とじめを上におき、麺棒で直径8㎝の円に伸ばす。バトンショコラ、オレンジピールを巻き込み、しっかりとじて軽く転がし形を整える（a）（b）。とじめを下にして天板に並べる（c）。

4 **最終発酵**

固くしぼった布巾をかけ、2倍くらいの大きさになるまで温かいところで最終発酵。

5 強力粉（分量外）をふり、よく切れるナイフで浅めのクープを3本入れる（d）。

6 **焼成**

190℃に予熱したオーブンで10分焼く。

a

b

c

d

ブロッコリーロール

野菜がたっぷりとれるロールパン。
成形はレモンロールと同じですが、生地への広げ方、
カットの仕方は異なります。レシピは個々で完結せず
比べてみると、新たな発見や応用力につながります。

【 材料 】 （ ）内はベーカーズパーセント

直径7.5cmのベーキングカップ８個

- スーパーカメリヤ……………200g （100）
- きび砂糖……………………5g （2.5）
- 塩……………………………3g （1.5）
- 牛乳………………………140g （ 70）
- インスタントドライイースト…3g （1.5）
- 無塩バター…………………5g （2.5）

〈フィリング〉

- ブロッコリー………………100g
- ソーセージ（3㎜の小口切り）……………………………60g
- にんにく（みじん切り）……１片
- ピザ用シュレッドチーズ……20g

〈トッピング〉

- マヨネーズ…………………適宜
- ピザ用シュレッドチーズ…100g

【 準備 】

ブロッコリーをかために茹で、水気をペーパータオルでしっかりふき取り、刻む。

【 作り方 】

1 ミキシング時に牛乳を加える。その後は、一次発酵終了まで基本のリーン生地と同じ要領。

2 成形・分割
生地を25×30cmに伸ばし、フィリングを上部1.5cm残して均等に散らす。ラップを当て、上から麺棒をかけ、フィリングを生地に密着させる（a）。

3 ラップをはずし手前から巻き（b）、しっかりとじて軽く転がして馴染ませる。包丁で8分割し（c）、カップに入れ天板に並べる（d）。

4 最終発酵
固くしぼった布巾をかけ、2倍くらいの大きさになるまで温かいところで最終発酵。マヨネーズをしぼり、シュレッドチーズをのせる（e）。

5 焼成
180℃に予熱したオーブンで10〜12分焼く。

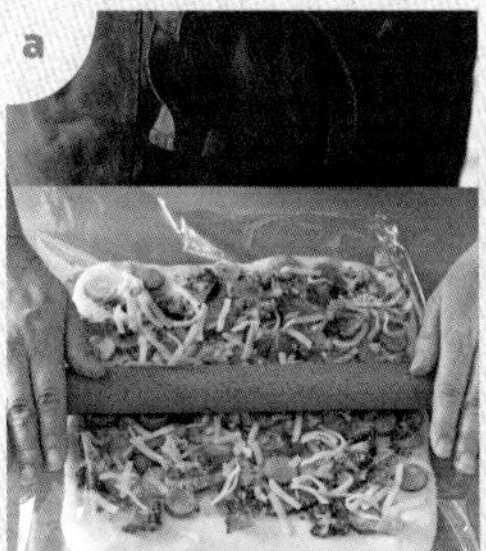
a

b

c

d

e

くるみのブール

ミキシングの難易度が高めですが、
シンプルにおいしいからぜひチャレンジしてみてほしいパン。
クープははさみでちょきちょきいきます。
ごろごろくるみにぶつかっても突き進んでくださいね(笑)。

【材料】2個　（　）内はベーカーズパーセント

- スーパーカメリヤ……………200g　（100）
- きび砂糖…………………………5g　（2.5）
- 塩…………………………………3g　（1.5）
- 水………………………………146g　（73）
- インスタントドライイースト…3g　（1.5）
- 無塩バター………………………5g　（2.5）
- くるみ…………………………60g　（30）

- 有塩バター（クープ用）………適宜

くるみ
少量ずつ買い求め、冷凍庫で保存。好みでローストしてもよいが生でも使用できる。

【作り方】

1 基本のリーン生地の要領でミキシング。柔らかく扱いづらいができるだけ打ち粉はせず、カードでかきよせながらこねる。なめらかになってきたら粗く砕いたくるみを加え（a）、ざっとまとめてボウルに戻す。10分ほどおき、生地がしなやかになったら表面を張らせるように丸めなおし（b）、一次発酵させる。

2 分割・成形
生地を2分割。きっちり丸め（c）、天板におく。

3 最終発酵
固くしぼった布巾をかけ、2倍くらいの大きさになるまで温かいところで最終発酵。

4 軽く霧を吹き、強力粉（分量外）をふる。はさみで頂点から前後左右に表面に5㎜程の深さで、ちょきちょきと切り進んでいく（d）。十字の切り込みができたら柔らかくしたバターを細くしぼる（e）。

5 焼成
190℃に予熱したオーブンで15〜18分焼く。

a

b

c

d

e

くるみカマンベール

直焼きにすることでくるみの素朴さ、生地の香ばしさが
ぐっと際立ち、フィリングのまろやかなチーズと
絶妙なハーモニーを奏でます。ローズマリーの代わりに
真ん中にくるみをひと粒あしらってもいいですね。

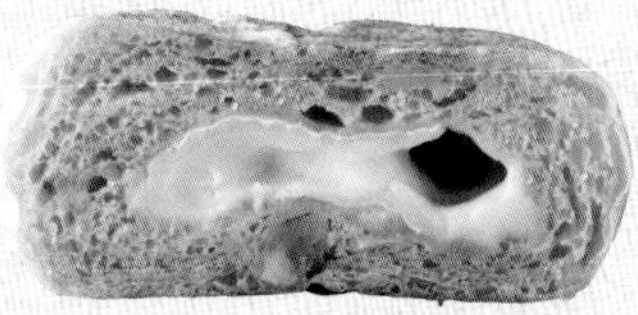

【 材料 】6個　（ ）内はベーカーズパーセント

- スーパーカメリヤ……………200g　(100)
- きび砂糖…………………………5g　(2.5)
- 塩…………………………………3g　(1.5)
- 水……………………………146g　(73)
- インスタントドライイースト…3g　(1.5)
- 無塩バター………………………5g　(2.5)
- くるみ…………………………60g　(30)

〈フィリング〉
- カマンベールチーズ………… 1個

〈トッピング〉
- ローズマリー………………適宜

【 準備 】

カマンベールチーズを6分割する。

カマンベールチーズ
クリーミーな味わいの白カビタイプのチーズ。中が柔らかいので、包む直前にカットする。

【 作り方 】

1
基本のリーン生地の要領でミキシング。
柔らかく扱いづらいができるだけ打ち粉はせず、カードでかきよせながらこねる。なめらかになってきたら粗く砕いたくるみを加え、ざっとまとめてボウルに戻す。10分ほどおき、生地がしなやかになったら表面を張らせるように丸めなおし、一次発酵させる。

2 分割
生地を6分割（a）。ゆったり丸め、固くしぼった布巾をかけ10分ベンチタイム（b）。

3 成形
生地を軽く伸ばしカマンベールチーズを包み、ローズマリーをのせる（c）（d）。

4 最終発酵
固くしぼった布巾をかけ、2倍くらいの大きさになるまで温かいところで最終発酵。

5 焼成
160℃に予熱したホットプレートにのせ、蓋をして片面約4分ずつ、両面をこんがりと焼く（e）。
焼いているうちにホットプレートに当たる面が平らになり、自然に厚みのある円盤形になる。

a

b

c

d

e

プレーンベーグル

ケトリングすると表皮が熱で固まり、ふくらもうとする中身を
外側からおさえ込みます。このためベーグル独特の
むぎゅっ！ もちっ！ と目の詰まった食感が生まれます。
まずはプレーンで作り方をしっかりマスターしましょう。

ダブルベリーベーグル

冷凍ブルーベリーに熱湯をかけるとちょうどいい温度に。
凍結時に細胞が壊れているのでミキシング中に
簡単につぶれ、生地は美しい紫色に染まります。
クリームチーズや生ハムのサンドイッチにもよく似合います。

プレーンベーグル

断面は
こんな感じ！

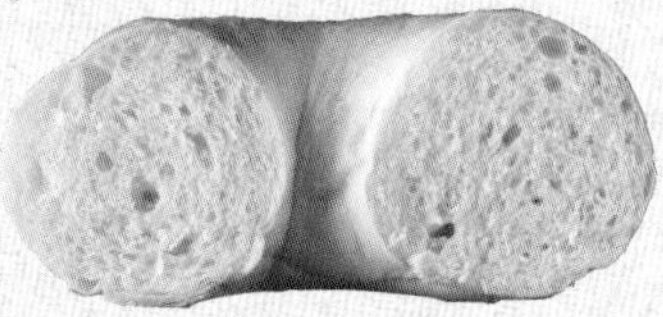

【 材料 】4個　　（ ）内はベーカーズパーセント

- スーパーカメリヤ……………200g　(100)
- きび砂糖…………………………5g　(2.5)
- 塩…………………………………3g　(1.5)
- 水……………………………110g　(55)
- インスタントドライイースト…2g　(1)
- EXヴァージンオリーブオイル
　……………………………………3g　(1.5)

〈ケトリング用〉

- 水……………………………1.5ℓ
- きび砂糖または上白糖…… 30g

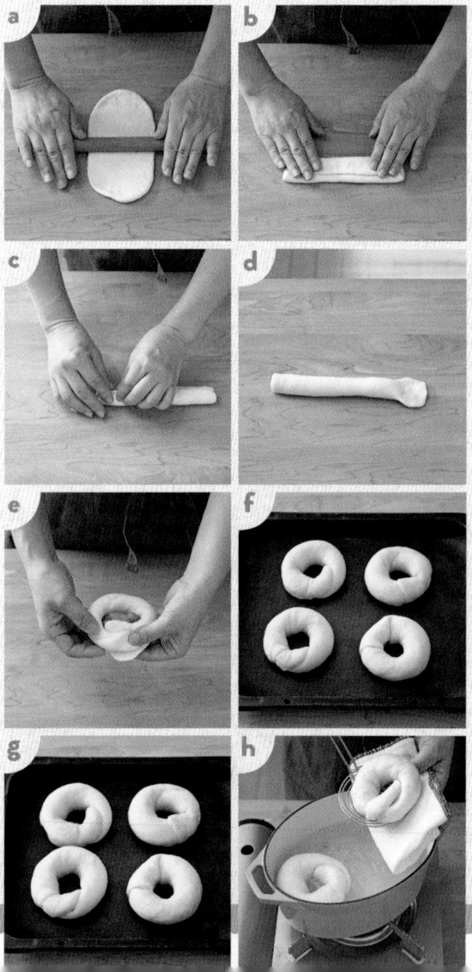

【 作り方 】

1 **計量・ミキシング**

基本生地と同じ要領。バターの代わりにEXヴァージンオリーブオイルを加える。かための生地なので力を入れてしっかりこねる。

2 **フロアタイム**

ボウルに戻し常温で30分発酵させる。生地はひとまわり大きくなる(一次発酵ほど大きくならなくてよい。これを「フロアタイム」という)。

3 **分割**

生地を4分割。軽く丸めて10分ベンチタイム。

4 **成形**

とじめを上にして麺棒で楕円形に伸ばす（a）。生地を横長に置きなおし、きっちりと三つ折りにする（b）。上下を合わせてしっかりとじ（c）、軽く転がして20cmの棒状にする。一方の端をつぶしたところへもう一方の端を1回ひねりながらのせ、くるみ込んで輪にする（d）（e）。

5 **最終発酵**

固くしぼった布巾をかけ、温かいところでひとまわり大きくなるまで最終発酵（f）→（g）。

6 **ケトリング**

鍋に1.5ℓの湯を沸かし、砂糖を加え、静かに沸騰を続ける程度に火加減を調整する。

7

生地の表が下面になるように湯に入れ、30秒茹でたら静かに返し、もう片面も30秒茹でる。網杓子ですくい上げ、クロスを当てて水気を切り（h）、天板に並べる。生地を茹でるプロセスを「ケトリング」という。

8 **焼成**

190℃に予熱したオーブンで10〜12分焼く。

ダブルベリーベーグル

【材料】4個　（ ）内はベーカーズパーセント

- スーパーカメリヤ……………200g　(100)
- きび砂糖……………………5g　(2.5)
- 塩……………………………3g　(1.5)
- A｜熱湯…………………60g　(30)
　｜冷凍ブルーベリー……60g　(30)
- インスタントドライイースト…2g　(1)
- EXヴァージンオリーブオイル
　……………………………3g　(1.5)

〈フィリング〉
- ドライクランベリー…………40g　(20)

〈ケトリング用〉
- 水……………………………1.5ℓ
- きび砂糖または上白糖………30g

【準備】

・Aを合わせる（a）。熱湯でブルーベリーが溶け、温度もちょうどよくなる。これを仕込み水とする。
・ドライクランベリーは50℃くらいの湯をかけ、ザルでざっと水気を切り、ペーパータオルを敷いたバットの上に広げ余分な水分を取る。

【作り方】

1 計量・ミキシング
基本生地と同じ要領。仕込み水としてAを、バターの代わりにEXヴァージンオリーブオイルを加える。こねているうちにブルーベリーの粒はつぶれる。かための生地なので力を入れてしっかりこねる。

2 フロアタイム
ボウルに戻し常温で30分発酵させる。生地はひとまわり大きくなる(一次発酵ほど大きくならなくてよい)。

3 分割
生地を4分割。軽く丸めて10分ベンチタイム。

4 成形
とじめを上にして麺棒で楕円形に伸ばす。生地を横長に置きなおす。クランベリーを散らしながら三つ折り、上下を合わせてしっかりとじ（b）～（e）、軽く転がして20cmの棒状にする。一方の端をつぶしたところへもう一方の端を1回ひねりながらのせ、くるみ込んで輪にする（f）。

5 最終発酵
固くしぼった布巾をかけ、温かいところでひとまわり大きくなるまで最終発酵。

6 ケトリング
プレーンベーグルの要領でケトリング(→P64)。

7 焼成
190℃に予熱したオーブンで10～12分焼く。

a b c d e f

ココアチョコベーグル

生地にココアを追加してチョコチップを巻き込みました。
粗熱が取れたころがチョコがとろっとして至福のおいしさです。
ココア生地は焼き色の判断が難しいので
プレーンの焼き時間を参考にするとよいでしょう。

【 材料 】4個　（ ）内はベーカーズパーセント

- スーパーカメリヤ……………190g　（95）
- ココア……………………………10g　（ 5）
- きび砂糖…………………………5g　（2.5）
- 塩…………………………………3g　（1.5）
- 水…………………………………120g　（60）
- インスタントドライイースト…2g　（ 1）
- EXヴァージンオリーブオイル ……………………………………3g　（1.5）

〈フィリング〉

- チョコチップ……………………40g　（20）

〈ケトリング用〉

- 水…………………………………1.5ℓ
- きび砂糖または上白糖……30g

ココア

砂糖、ミルクを含まないココアパウダー100％のものを使用する。

断面はこんな感じ！

【 作り方 】

1 計量・ミキシング

基本生地と同じ要領。計量時にココアを粉と一緒に量り込む。バターの代わりにＥＸヴァージンオリーブオイルを加える。かための生地なので力を入れてしっかりこねる。

2 フロアタイム

ボウルに戻し常温で30分発酵させる。生地はひとまわり大きくなる（一次発酵ほど大きくならなくてよい）。

3 分割

生地を4分割。軽く丸めて10分ベンチタイム。

4 成形

とじめを上にして麺棒で楕円形に伸ばす。生地を横長に置きなおす。チョコチップを散らしながら三つ折り、上下を合わせてしっかりとじ、軽く転がして20cmの棒状にする。一方の端をつぶしたところへもう一方の端を1回ひねりながらのせ、くるみ込んで輪にする。

5 最終発酵

固くしぼった布巾をかけ、温かいところでひとまわり大きくなるまで最終発酵（a）→（b）。

6 ケトリング

プレーンベーグルの要領でケトリング（c）（→P64）。

7 焼成

190℃に予熱したオーブンで10～12分焼く。

パンプキン
ラムレーズンベーグル

かぼちゃが加わると口当たりが少しやわらかくなり
翌日のサンドイッチなども食べやすいですよ。
焼成前に卵白を塗ったのはシードを密着させるため。
ごまやけしの実などをトッピングしたい時もこの方法で。

【 材 料 】4個　（ ）内はベーカーズパーセント

- スーパーカメリヤ……………200g　(100)
- きび砂糖…………………………5g　(2.5)
- 塩…………………………………3g　(1.5)
- かぼちゃのマッシュ…………40g　(20)
- 水……………………………104g　(52)
- インスタントドライイースト…2g　(　1)
- EXヴァージンオリーブオイル
　……………………………………3g　(1.5)

〈フィリング〉
- ラムレーズン（市販）…………40g　(20)

〈トッピング〉
- パンプキンシード……………20粒
- 卵白……………………………½個
- 水…………………………………5g

〈ケトリング用〉
- 水……………………………1.5ℓ
- きび砂糖または上白糖………30g

かぼちゃのマッシュ
皮を除き柔らかく蒸してフォークでなめらかにつぶす。

ラムレーズン
市販のラムレーズンがなければ、湯で洗って水気を切ったレーズンでもOK。

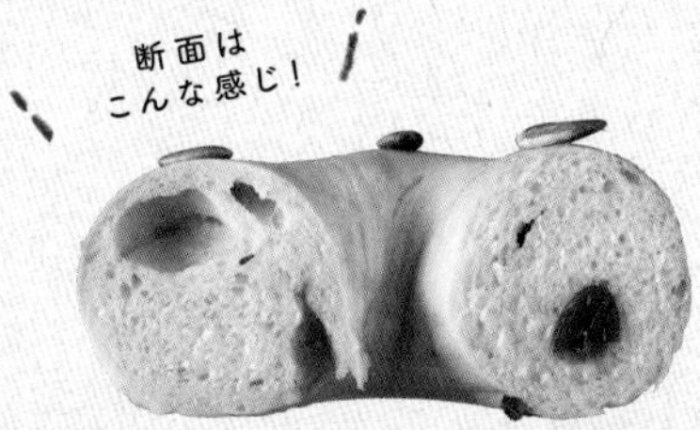

【 作り方 】

1 計量・ミキシング
基本生地と同じ要領。バターの代わりにEXヴァージンオリーブオイルを加え、同時にかぼちゃのマッシュも加える（a）。かためのかたい生地なので力を入れてしっかりこねる。

2 フロアタイム
ボウルに戻し常温で30分発酵させる。生地はひとまわり大きくなる(一次発酵ほど大きくならなくてよい)。

3 分 割
生地を4分割。軽く丸めて10分ベンチタイム。

4 成 形
とじめを上にして麺棒で楕円形に伸ばす。生地を横長に置きなおす。ラムレーズンを散らしながら三つ折り、上下を合わせてしっかりとじ、軽く転がして20cmの棒状にする。一方の端をつぶしたところへもう一方の端を1回ひねりながらのせ、くるみ込んで輪にする（b）。

5 最終発酵
固くしぼった布巾をかけ、温かいところでひとまわり大きくなるまで最終発酵（c）→（d）。

6 ケトリング
プレーンベーグルの要領でケトリング（→P64）。

7 焼 成
卵白と水を合わせたものを刷毛で塗り、パンプキンシードをのせる（e）。190℃に予熱したオーブンで10〜12分焼く。

a

b
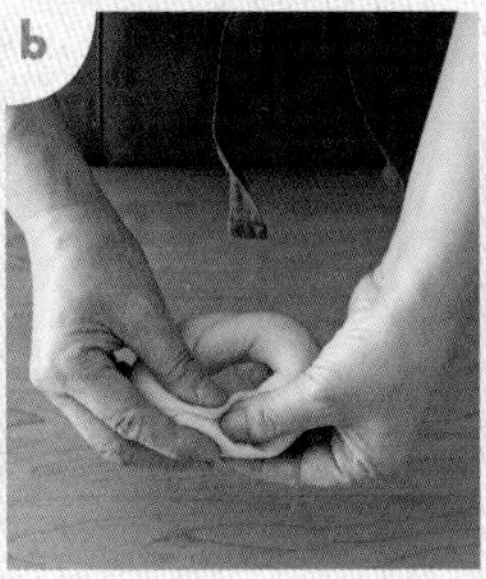

c

d

e
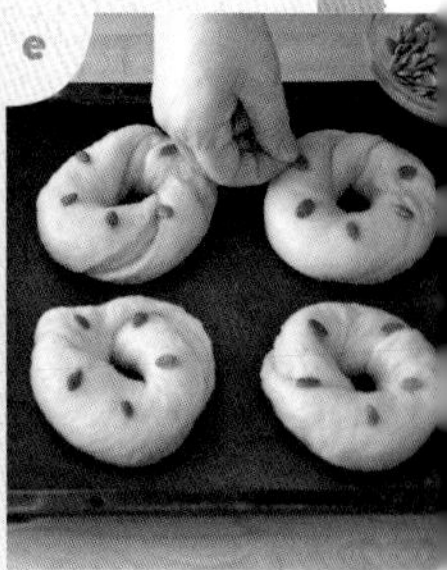

ふんわりピザ

みんな大好きボリュームいっぱいのふんわりピザは
基本のリッチ生地をそのまま使います。
素の生地も味わってほしいから、
耳をたっぷりと残しました。

照り焼きチキンピザ

焼きあがりに白髪ねぎと糸切り唐辛子をトッピング。
ファミリーに人気のあるピザをあえて大人っぽく
仕上げてみました。お子さんのお誕生会なら
万能ねぎの小口切りを散らせば彩りよく華やかに。

タコと小エビのピザ

ふんわり生地とシーフードはよく合います。
タコとエビはペーパータオルでしっかり水気を
取ってからトッピング。ブラックオリーブとディルが加わると
ぐっとお洒落な味と香りに仕上がります。

ふんわりピザ

【 材料 】2枚分　（ ）内はベーカーズパーセント

- スーパーカメリヤ……………300g　（100）
- きび砂糖…………………………30g　（10）
- 塩…………………………………5g　（1.5）
- 牛乳……………………………210g　（70）
- インスタントドライイースト…5g　（1.5）
- 無塩バター………………………30g　（10）

※1枚だけ作る場合は半量にする

【 準備 】

・照り焼きチキン、白髪ねぎを作っておく。
・タコと小エビはペーパータオルでしっかり水分を取る。

断面はこんな感じ！

照り焼きチキンのピザ

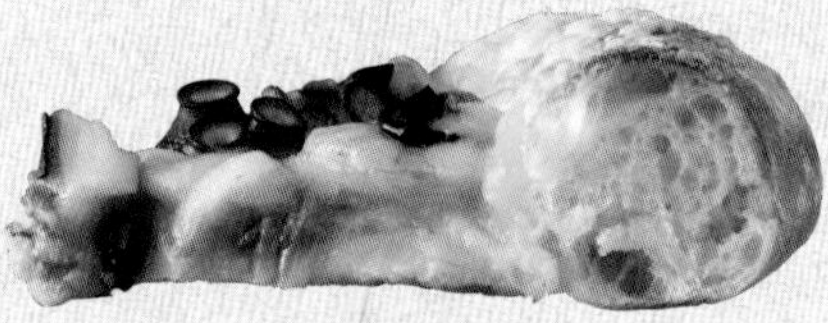

タコと小エビのピザ

【 作り方 】

1 一次発酵終了まで基本のリッチ生地と同じ。

2 分割

生地を2分割。ゆるめに丸め、固くしぼった布巾をかけて10分休ませる。

3 成形

ピザ生地をオーブンシートにのせ、軽く打ち粉をして、手のひらで平らにする（a）。手の側面で生地を中央から押し出しながら縁をたっぷりと残す（b）（c）。

4 生地にトマトダイスを塗り、玉ねぎ、シュレッドチーズをのせる（d）。

【照り焼きチキンのピザ】
照り焼きチキンをのせ、マヨネーズを絞る（e）。

【タコと小エビのピザ】
タコ、小エビ、ブラックオリーブを散らす（f）。

5 焼成

190℃に予熱したオーブンで12～15分焼く。

6 【照り焼きチキンのピザ】
白髪ねぎ、糸唐辛子をあしらう。
【タコと小エビのピザ】
ディルをあしらう。

a

照り焼きチキンピザ

【 材料 】ピザ1枚分

〈照り焼きチキン〉
- 鶏もも肉……200g
- ごぼう……50g
- A | 砂糖……20g
  | みりん……15g
  | しょうゆ……15g

- トマトダイス（缶詰）……大さじ1
- 玉ねぎ（薄切り）……20g
- ピザ用シュレッドチーズ……50g
- マヨネーズ……適宜

- 長ねぎ（白い部分）……適宜
- 糸唐辛子……適宜

照り焼きチキンの作り方

鶏もも肉は2㎝角、ごぼうは薄切りにする（香りが飛ぶので水にさらさない）。少量の油（分量外）で肉とごぼうを炒める。Aを合わせたものを加え、汁けがなくなるまで煮つめる。

タコと小エビのピザ

【 材料 】ピザ1枚分

- タコ（ボイル）……100g
- 小エビ（ボイル）……50g
- ブラックオリーブ……適宜
- トマトダイス（缶詰）……大さじ2
- 玉ねぎ（薄切り）……20g
- ピザ用シュレッドチーズ……50g
- ディル……適宜

トマトダイス缶
さわやかさと旨みをいかし、そのままソースとして使用。

ピザ用シュレッドチーズ
チェダーチーズ入りがおすすめ。鮮やかに仕上がる。

b

c

d

e

f

クリスピーピザ

さくさくピザ生地は基本のリーン生地のバターを
オリーブオイルに替えただけ。
とても軽いので1人1枚ぺろっといけちゃいます。
フィリングを多くのせすぎると生地の持ち味が半減するので
控えめにするのがポイント。

マルゲリータ

トッピングは、トマト、モッツァレラチーズ、
バジルだけとシンプルの極み。
さくさくのクリスピー生地とも相まって、
ピザってこんなに軽くてさわやかだった？
と思わせるマルゲリータ、ぜひお試しください。

BLTピザ

ベーコン、レタス、トマトは
サンドイッチやハンバーガーでは
定番の組み合わせ。これをピザにアレンジ。
チーズも加わりさらにおいしくなりました。
しゃきしゃきレタスは食べる直前にトッピングを。

クリスピーピザ

【 材料 】2枚分　（ ）内はベーカーズパーセント

- スーパーカメリヤ……………200g （100）
- きび砂糖………………………5g （2.5）
- 塩………………………………3g （1.5）
- 水…………………………130g （65）
- インスタントドライイースト…3g （1.5）
- EXヴァージンオリーブオイル
  ………………………………5g （2.5）

※1枚だけ作る場合は半量にする

【 作り方 】

1 ミキシング時、バターの代わりにEXヴァージンオリーブオイルを加える。その後は、一次発酵終了まで基本のリーン生地と同じ要領。

2 **分割**
生地を2分割。ゆるめに丸め、固くしぼった布巾をかけて10分休ませる。

3 **成形**
ピザ生地をオーブンシートにのせ、軽く打ち粉をして麺棒で伸ばす（a）。指先で押さえつけながら1cm幅の縁を作る（b）。

4 【マルゲリータ】
生地にトマトダイスを塗り（c）、トマト、モッツァレラチーズ、バジルをのせる（d）。バジルは焼きあがりにのせる分を少し残しておく。

【BLTピザ】
生地にトマトダイスを塗り、玉ねぎ、シュレッドチーズをのせる（e）。さらにベーコン、プチトマトをのせ、粗挽き黒こしょうをふる（f）。

5 **焼成**
210℃に予熱したオーブンで10〜12分焼く。

6 【マルゲリータ】
バジルをあしらう。

【BLTピザ】
レタスを適当にちぎってのせる。

マルゲリータ

【 材料 】ピザ1枚分

- トマトダイス(缶詰)……………大さじ2
- 小さめのトマト
  (5㎜厚さのスライス)………………1個
- モッツァレラチーズ
  (5㎜厚さのスライス)………………50g
- バジル………………………………適宜

BLTピザ

【 材料 】ピザ1枚分

- トマトダイス(缶詰)……………大さじ2
- 玉ねぎ(薄切り)……………………30g
- ベーコン(1㎝角切り)……………50g
- プチトマト(半割り)………………4個
- ピザ用シュレッドチーズ…………50g
- 粗挽き黒こしょう…………………適宜
- レタス………………………………適宜

モッツァレラチーズ
真っ白なフレッシュタイプ。
加熱すると溶けて糸を引く。
マルゲリータに欠かせない。

断面は
こんな感じ!

マルゲリータ

BLTピザ

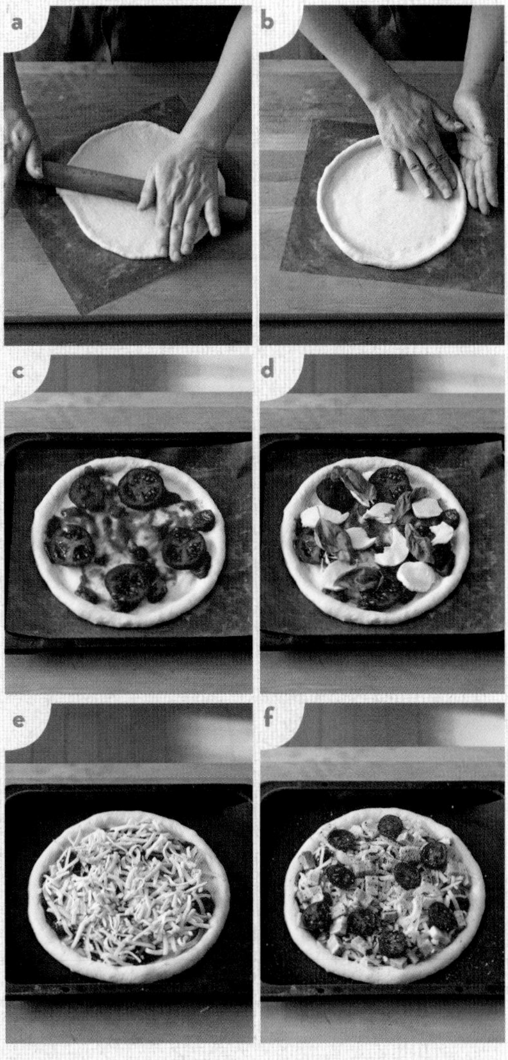

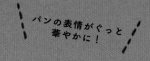

パンの表情がぐっと
華やかに！

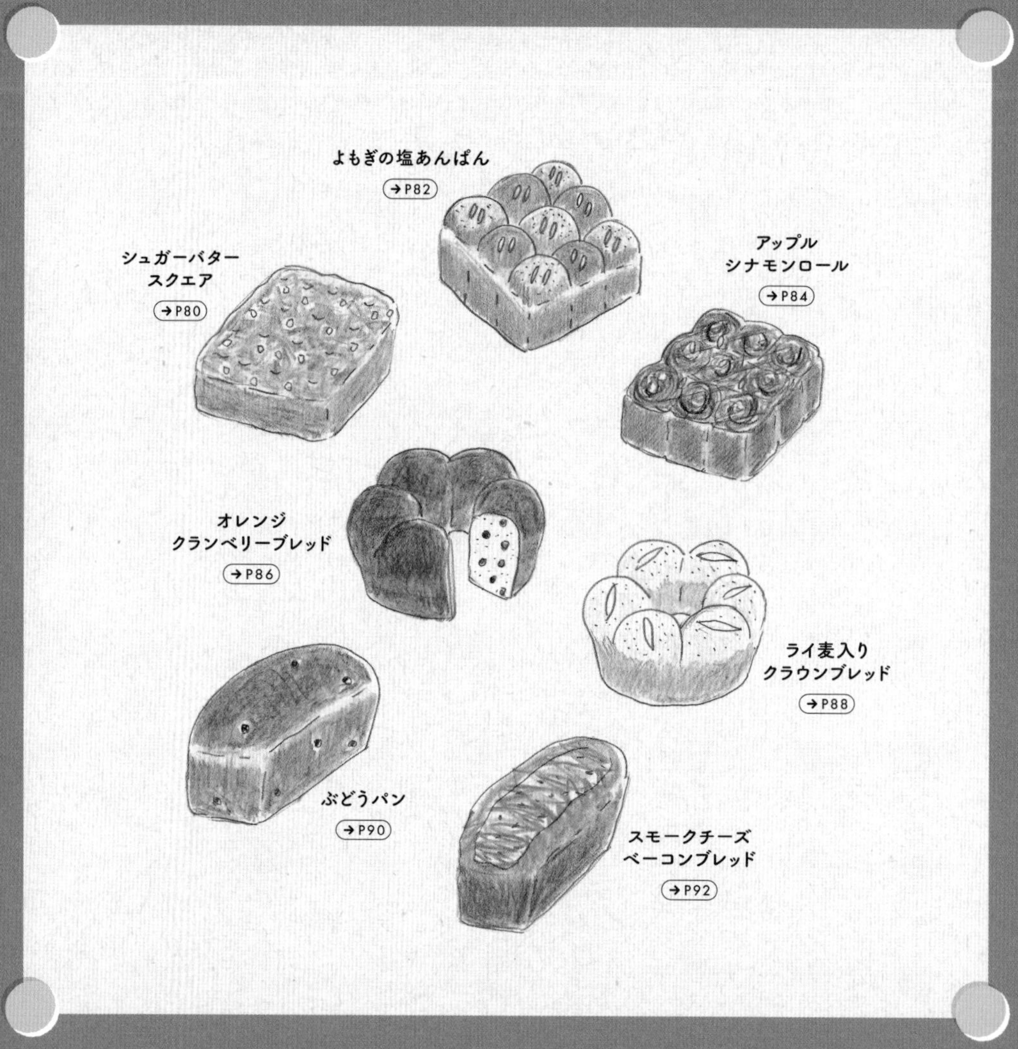

使用する型
はこれ！

スクエア型

（18×18×5cm）

ちぎりパンの型として広く人気。四角く端正な焼きあがり。焼くものによっては敷き紙をしたほうが取り出しやすい場合も。

パウンド型

（21×8×6cm）

小さな食パン型として大活躍。焼き菓子にも重宝するのでひとつ持っていても損はない。

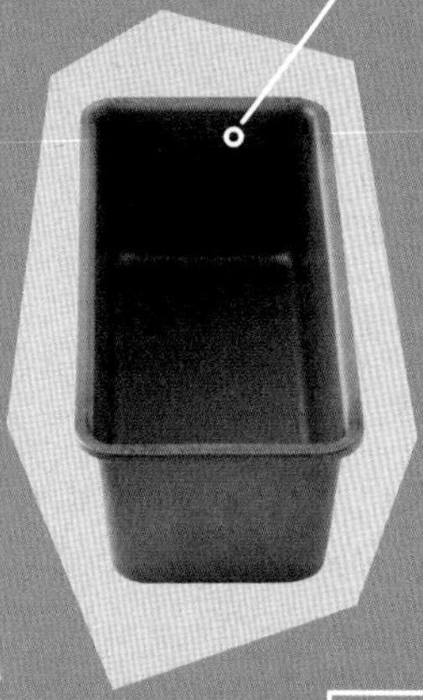

リング型

（直径18cm）

中心に空洞があることで、非常に火通りがよく、失敗なく焼ける型。パンが大きく華やいで見える効果も。

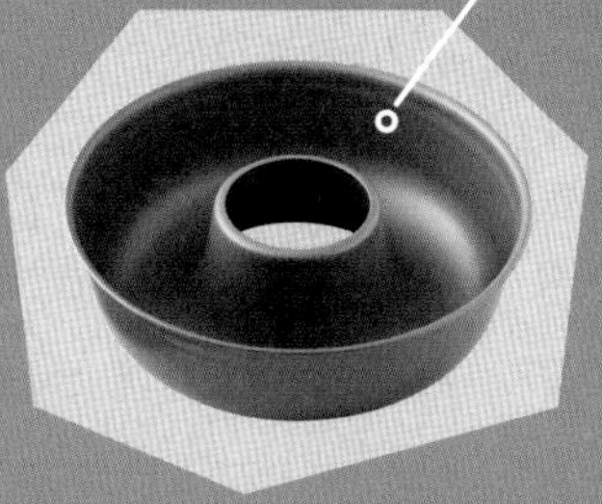

第 2 章

型で広がるアレンジパン

ここからは、3つの型を使っておうちパンの世界を広げていきます。型を使う利点はいろいろあります。オーブンの庫内を立体的に使うことができるため生地量を増やせる、柔らかい生地もしっかりホールドする、見た目を華やかにする、食べやすい形や保存しやすい形にする……、などです。ここで紹介する型は特に使いやすく、初心者にもおすすめです。

スクエア型で作る

シュガーバター スクエア

砂糖とバターがジュワッと生地に染み込んで
甘じょっぱさがくせになるおいしさです。
焼き立ては溶けたバターが熱々なので傾けないように
型に敷いたペーパーの端をすっと引き上げましょう。

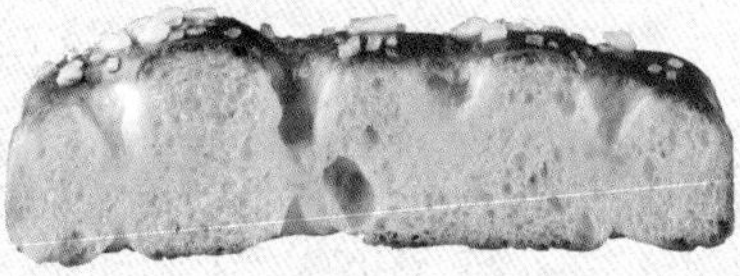

【 材料 】 （ ）内はベーカーズパーセント

18cmスクエア型

- スーパーカメリヤ……………200g （100）
- きび砂糖…………………………20g （10）
- 塩……………………………………3g （1.5）
- 牛乳………………………………110g （55）
- 全卵…………………………………30g （15）
- インスタントドライイースト…3g （1.5）
- 無塩バター………………………20g （10）

〈ツヤ出し〉
- 全卵…30g（生地に使用した残り）
- 水……………………………………5g

〈トッピング〉
- 有塩バター（1cm角）………16個
- グラニュー糖……………………25g
- ワッフルシュガー………………25g
- 中双糖……………………………20g

ワッフルシュガー

ベルギーワッフルでお馴染み。さくさくとした食感で、装飾にも使われる。

中双糖

通称ざらめ。結晶粒が大きくきらきらと美しい。純度が高いのでさっぱりした甘さ。

【 準備 】

型にオーブンペーパーを敷く。ペーパーと型をクリップではさんでおくと作業しやすい。

【 作り方 】

1 ミキシング時に牛乳と一緒に全卵も加える。その後は、一次発酵終了まで基本のリッチ生地と同じ要領。

2 成形

生地を18cm角に伸ばし、型に敷き込む（a）。

3 最終発酵

固くしぼった布巾をかけ、2倍くらいの大きさになるまで温かいところで最終発酵。

4 ツヤ出しを刷毛で丁寧に塗る（b）。生地の表面に縦4等分、横4等分になるよう軽くカードを当て、格子状の印をつける。有塩バターを指で押し込み（c）、上からグラニュー糖を入れる（d）。表面に中双糖、ワッフルシュガーをふる（e）。

5 焼成

180℃に予熱したオーブンで20分焼く。ペーパーをまっすぐ引き上げて型からはずす。

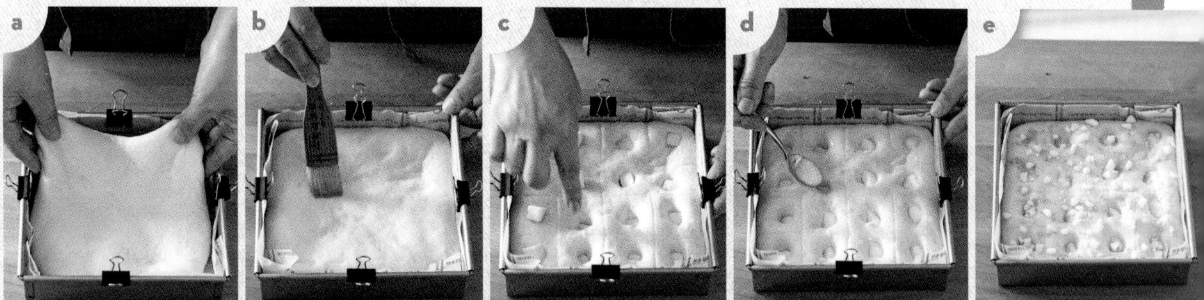

スクエア型で作る

よもぎの塩あんぱん

塩を効かせた黒糖粒あんによもぎ生地という
個性派の組み合わせ。ぶつかっちゃうかな？と
ちょっぴり心配でしたがこれが大正解。
和菓子テイストなので日本茶にもぴったり。

【 材料 】　（　）内はベーカーズパーセント

18cmスクエア型

- スーパーカメリヤ……………………200g （100）
- きび砂糖…………………………………5g （2.5）
- 塩…………………………………………3g （1.5）
- 乾燥よもぎ………………………………6g （　3）
- 水……………………………………130g （ 65）
- インスタントドライイースト……………3g （1.5）
- 無塩バター………………………………5g （2.5）

〈フィリング〉

- 塩粒あん………………………………270g

【 準備 】

- 塩粒あんは1個あたり30gで9個丸めておく。
- 乾燥よもぎはたっぷりの水を加え、十分に吸水させたらきゅっとしぼる。
- 型にショートニング（分量外）を塗る。

【 作り方 】

1 ミキシング時、無塩バターと一緒に戻したよもぎを加える（a）。その後は、一次発酵終了まで基本のリーン生地と同じ要領。

2 **分割**

生地を9分割（→P107）。ゆるめに丸め、固くしぼった布巾をかけ10分ベンチタイム。

3 **成形**

手のひらで軽く押しつぶし、丸めた塩粒あんを包み（b）（c）、とじめを下にして型に並べる（d）。

4 **最終発酵**

固くしぼった布巾をかけ、2倍くらいの大きさになるまで温かいところで最終発酵。霧を吹いて市松模様に強力粉（分量外）をふり、はさみで切り込みを入れる（e）。

6 **焼成**

180℃に予熱したオーブンで20分焼く。

断面はこんな感じ！

乾燥よもぎ

よもぎの葉を乾燥させ細かくしたもの。製菓製パン材料として市販されている。冷凍庫で保存する。

塩粒あんの作り方

小豆（250g）はよく洗い水気を切って鍋に入れる。たっぷりの水を加え1度ゆでこぼし、再び水を加えて沸騰したら弱火にし、小豆が柔らかくなるまで煮る。黒砂糖（150g）を加え、へらで混ぜたときに鍋底が見えるくらいまで煮詰め、塩（小さじ½ ※塩あんにしない場合はひとつまみ）を加える。約2回分できるので残りは冷凍保存してください。

a

b

c
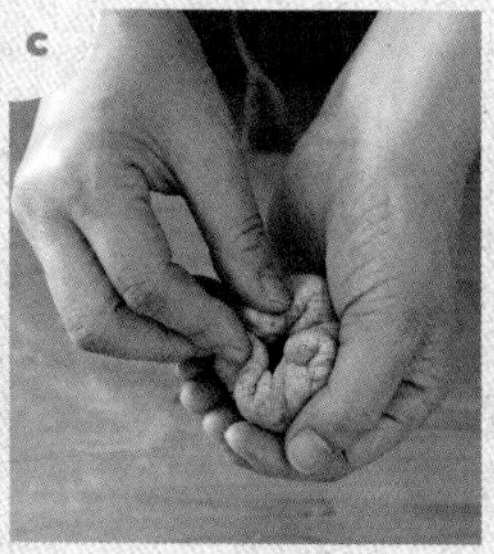
d

e
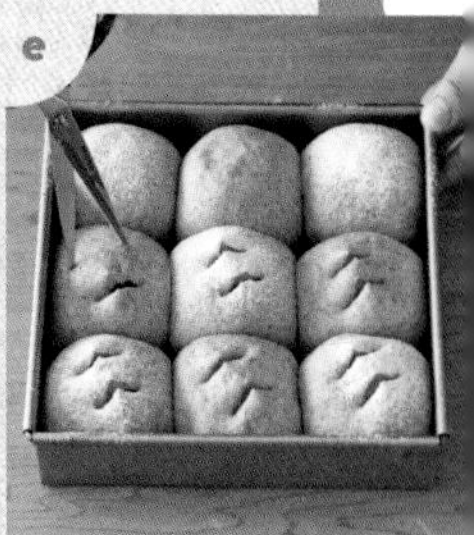

スクエア型で作る

アップル シナモンロール

りんごの中でも甘酸っぱくて真っ赤な紅玉が好き。
カスタードと組み合わせてくるくる巻いて
ちぎって食べるラフなスタイル。
シナモンはフロスティングに効かせます。

【 材料 】18cmスクエア型

（ ）内はベーカーズパーセント

- スーパーカメリヤ……………200g　（100）
- きび砂糖……………………20g　（ 10）
- 塩……………………………3g　（1.5）
- 牛乳………………………140g　（ 70）
- インスタントドライイースト…3g　（1.5）
- 無塩バター…………………20g　（ 10）

〈フィリング〉

カスタードクリーム

- 卵黄………………20g（L1個）
- 薄力粉………………………10g
- 上白糖………………………20g
- 牛乳………………………100g

煮りんご

- りんご（あれば紅玉）……200g
- 上白糖………………………40g

〈シナモンフロスティング〉

- 粉糖…………………………30g
- シナモン……………………小さじ½
- 牛乳…………………………適宜

- アーモンドスライス…………適宜

【 準 備 】

・型にオーブンペーパーを敷く。ペーパーと型をクリップではさんでおくと作業しやすい。
・アーモンドはローストしておく。

【 作り方 】

1 一次発酵終了まで基本のリッチ生地と同じ。

2 成形・分割

生地を25cm角に伸ばし（a）、カスタードクリームを上部1.5cm残して塗る。カードを使うと伸ばしやすい。
煮りんごをカスタードの上に広げる。

3 手前から巻く（b）。巻き終わりをとじて、軽く転がして馴染ませる。カードで9等分の目安をつける。糸を生地の下に通し、上で交差させてきゅっとしぼって9分割し（c）、スクエア型に並べる（d）。

4 最終発酵

ビニール袋をかぶせるなどし、2倍くらいの大きさになるまで温かいところで最終発酵（e）。

5 焼 成

180℃に予熱したオーブンで20分焼く。ペーパーをまっすぐ引き上げて型からはずす。

6 粉糖とシナモンに牛乳を少しずつ加えてとろりとしたシナモンフロスティングを作り、パンにかけ、ローストしたアーモンドスライスを散らす。

カスタードクリームの作り方

薄力粉と上白糖を耐熱容器に入れ、牛乳を分量から大さじ1加えて丁寧に溶き伸ばす。卵黄、残りの牛乳を加えよく混ぜる。ふわっとラップをかけ電子レンジで1分加熱し、よく混ぜる。透明感が出るまで、30秒加熱する・混ぜるを繰り返し、ツヤのあるクリーム状になったら小さなバットに流す。表面にラップを貼り付け、粗熱が取れたら冷蔵庫で冷やす。

煮りんごの作り方

りんごはよく洗っていちょう切りにし、上白糖をまぶし水分が出るまでしばらくおく。中火にかけ水分が飛ぶまで煮詰める。

a

b

c
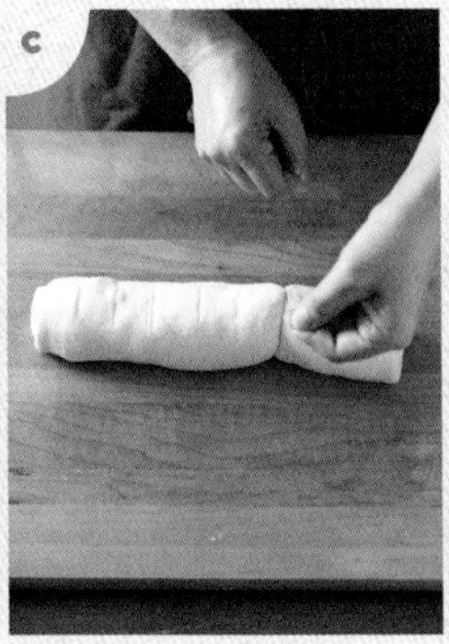

d

e

リング型で作る

オレンジクランベリーブレッド

フルーツの入ったパンは少しハードルが高めなものが
多いので、「もっと気軽な感じ」を
コンセプトに考えたレシピ。
何でもない日の食事に小さな彩りを添えてくださいね。

【 材料 】　　（ ）内はベーカーズパーセント

18cmリング型

- スーパーカメリヤ……………200g　（100）
- きび砂糖……………………20g　（10）
- 塩……………………………3g　（1.5）
- 牛乳…………………………110g　（55）
- 全卵…………………………30g　（15）
- インスタントドライイースト…3g　（1.5）
- 無塩バター…………………20g　（10）
- A　刻みオレンジピール……40g　（20）
  　ドライクランベリー……30g　（15）
  　パンプキンシード………20g　（10）

〈ツヤ出し〉
- 全卵 …30g（生地に使用した残り）
- 水……………………………5g

【 準備 】

- ドライクランベリーは50℃くらいの湯をかけ、ザルでざっと水気を切り、ペーパータオルを敷いたバットの上に広げ余分な水分を取る。
- 型に薄くショートニング（分量外）を塗る。

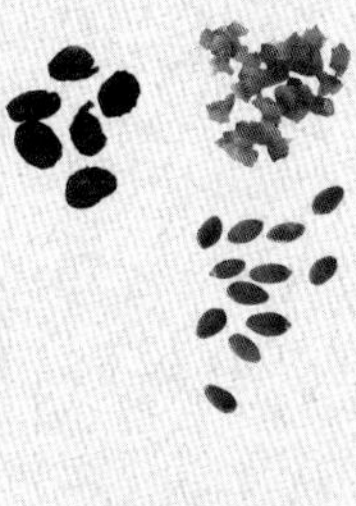

白い生地をかわいらしく彩るのは、ドライクランベリーの赤、オレンジピールの黄、パンプキンシードの緑。手に入るドライフルーツ、ナッツでアレンジもOK。

【 作り方 】

1 ミキシング時に牛乳と一緒に全卵も加える。生地がなめらかになってきたらAを加え（a）、全体に行き渡るようにこねる。丸めてボウルに戻し10分ほどおき、生地がしなやかになったら表面を張らせるように丸め直す。その後は、一次発酵終了まで基本のリッチ生地と同じ要領。

2 分割・成形

生地を6分割（b）。きっちり丸め、型に入れる（c）。

3 最終発酵

固くしぼった布巾をかけ、2倍くらいの大きさになるまで温かいところで最終発酵。

4 焼成

ツヤ出しを刷毛で丁寧に塗る（d）。180℃に予熱したオーブンで20分焼く。

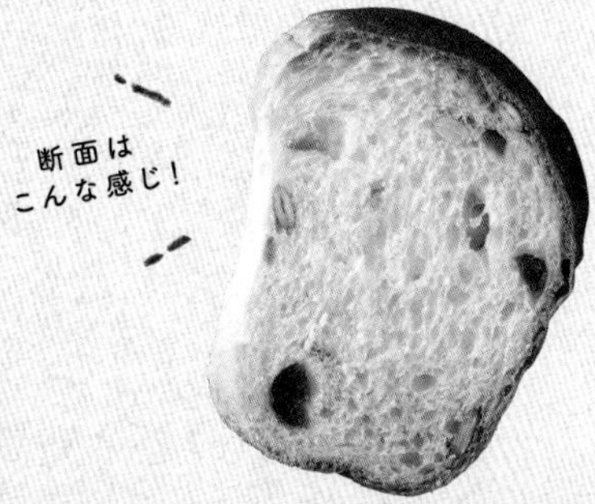

a

b

c

d

リング型で作る

ライ麦入り クラウンブレッド

生地量が多くなると火通りが心配ですが
真ん中が空いているリング型なら大丈夫。
ライ麦粉入りの香ばしい小型の食パンの感覚で
サンドイッチやトーストで召し上がってくださいね。

【材料】18cmリング型　（　）内はベーカーズパーセント

- スーパーカメリヤ……240g（80）
- ライ麦粉……60g（20）
- きび砂糖……8g（2.5）
- 塩……5g（1.5）
- 水……195g（65）
- インスタントドライイースト……5g（1.5）
- 無塩バター……15g（5）

- 有塩バター（クープ用）……適量

【準備】

型に薄くショートニング（分量外）を塗る。

【作り方】

1 計量時にライ麦粉を粉類と一緒にボウルに量り込む。その後は、一次発酵終了まで基本のリーン生地と同じ要領。

2 分割・成形

生地を6分割（a）。きっちり丸め、型に入れる（b）。

3 最終発酵

固くしぼった布巾をかけ、2倍くらいの大きさになるまで温かいところで最終発酵。

4 強力粉（分量外）をふり、よく切れるナイフで深さ5mm程のクープを入れる。切り口に柔らかくしたバターを細くしぼる（c）。

5 焼成

190℃に予熱したオーブンで20分焼く。

ライ麦粉

ライ麦細挽き全粒粉を使用。食物繊維やミネラルを含み独特な風味がある。

a

b

c

パウンド型で作る

ぶどうパン

我が家では当日と2日目まではそのままで、3日目からはトーストしてバターをたっぷり塗るのが定番の食べ方。パウンド型サイズは食べたい量の調整もしやすく、まさにベストな大きさです。

【 材料 】21cmパウンド型　　（ ）内はベーカーズパーセント

- スーパーカメリヤ……………………200g （100）
- きび砂糖……………………………20g （ 10）
- 塩……………………………………3g （1.5）
- 牛乳…………………………………140g （ 70）
- インスタントドライイースト……………3g （1.5）
- 無塩バター…………………………20g （ 10）
- レーズン……………………………80g （ 40）

【 準備 】

・レーズンは50℃くらいの湯をかけ、ザルでざっと水気を切り、ペーパータオルを敷いたバットの上に広げ余分な水分を取る。
・型に薄くショートニング（分量外）を塗る。

【 作り方 】

1 ミキシング時、生地がなめらかになってきたらレーズンを加え、全体に行き渡るようにこねる（a）。丸めてボウルに戻し10分ほどおき、生地がしなやかになったら表面を張らせるように丸め直す。その後は、一次発酵終了まで基本のリッチ生地と同じ要領。

2 成形

直径19cmの円に伸ばし（b）、手前から巻き（c）、とじめを下にして型に入れる（d）。

3 最終発酵

固くしぼった布巾をかけ、2倍くらいの大きさになるまで温かいところで最終発酵（e）。

4 焼成

180℃に予熱したオーブンで20分焼く。

断面はこんな感じ！

レーズン
色がきれいで甘みの強いサルタナレーズンを愛用。

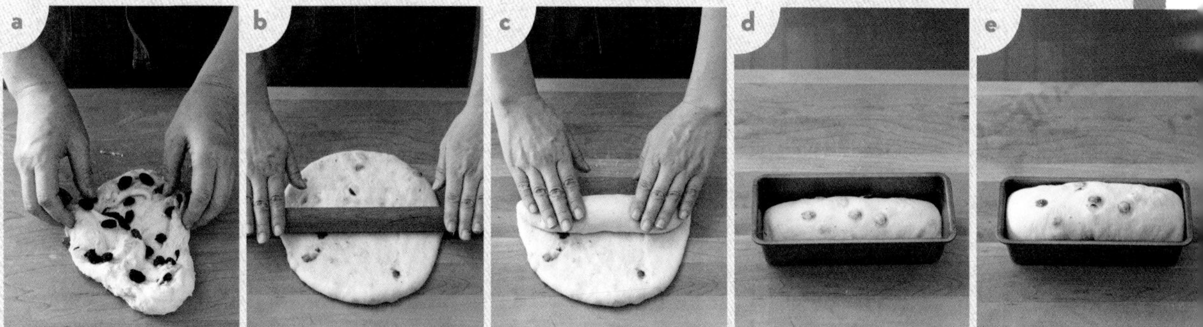
a　b　c　d　e

パウンド型で作る

スモークチーズベーコンブレッド

フィリングもトッピングもたっぷり、
これ自体がひとつのお料理のような贅沢なパンです。
粗熱が取れてからカットしてくださいね。
ホームパーティの手土産にも喜ばれると思います。

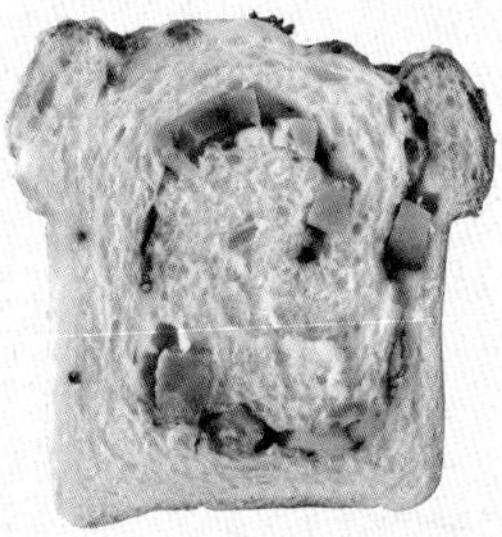

【 材料 】21cmパウンド型

（ ）内はベーカーズパーセント

- スーパーカメリヤ…………200g （100）
- きび砂糖……………………20g （10）
- 塩……………………………3g （1.5）
- 牛乳…………………………140g （70）
- インスタントドライイースト…3g （1.5）
- 無塩バター…………………20g （10）

〈フィリング〉

- 粒マスタード…………小さじ2
- ベーコン（8mm角）…………60g
- スモークチーズ（薄切り）…50g
- パセリ（みじん切り）………適宜
- 粗挽き黒こしょう…………適宜

〈トッピング〉

- ピザ用シュレッドチーズ……適宜
- パセリ（みじん切り）………適宜

【 準備 】

型に薄くショートニング（分量外）を塗る。

スモークチーズ

おつまみタイプは必要量を取り出しやすくて便利。薄切りにして使用する。

【 作り方 】

1 一次発酵終了まで基本のリッチ生地と同じ。

2 成形

28×19cmに伸ばし、粒マスタードを上部1.5cm残して塗る。ベーコン、スモークチーズ、粗挽き黒こしょう、パセリを散らす。

3 ラップを当て、上から麺棒をかけフィリングを密着させる（a）。ラップをはずし手前から巻き（b）、とじめを下にして型に入れる（c）。

4 最終発酵

固くしぼった布巾をかけ、2倍くらいの大きさになるまで温かいところで最終発酵。

5 中央に1本切り込みを入れ（d）、シュレッドチーズをのせる（e）。

6 焼成

180℃に予熱したオーブンで20分焼く。パセリを散らす。

a

b

c

d

e

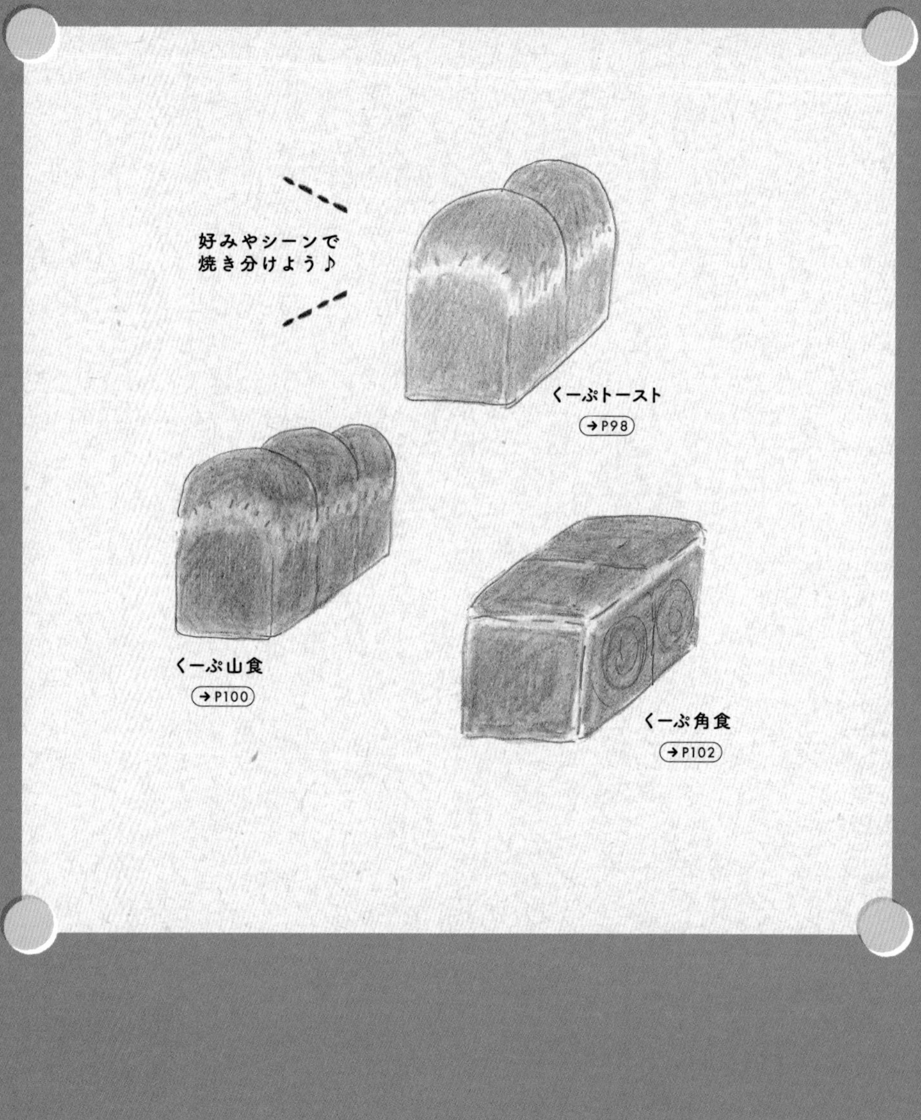
好みやシーンで
焼き分けよう♪
くーぷトースト
→P98
くーぷ山食
→P100
くーぷ角食
→P102

型について

見映え、食べ応えの両方を実現する1.5斤型（蓋つき）。220(210)×110(105)×高さ120㎜のアルタイト製。使用後は洗わず、布やペーパーで拭き取り、型に油を馴染ませていきますが、型の素材が異なる場合は、説明書に応じて処置を行ってください。

粉について

食パンは３種の粉を使い分け、ブレンドすることでそれぞれのパンの特徴を出しています。

●**スーパーキング**
（たんぱく質量13.8±0.5％）
最強力粉。たんぱく質量(グルテン量)が多いためボリュームが出て、こしのある食感も生まれます。
くーぷトースト、くーぷ山食に使用します。

●**リスドォル**
（たんぱく質量10.7±0.5％）
フランスパン専用粉。軽さと香ばしさがあります。くーぷトーストの食感を出すのに貢献します。

●**スーパーカメリヤ**
（たんぱく質量11.5±0.5％）
強力粉。白く、しっとりきめ細かなパンになります。本書ではメインで使用し、くーぷ角食にも使用します。

第３章

最高においしいくーぷの食パン

おうちで焼く食パンに大切なのは、日常的な気軽さ。高級な材料も、複雑な製法も必要としません。鮮度のよい材料をきっちり計量し、丁寧に生地をこね、十分に発酵させ、しっかり焼きあげる。結局のところ、最高においしい食パンを作る秘訣はこれに尽きます。何度も何度も焼くことで、ふと気付くことがあり、知らず知らず腕があがり、やがて毎日食べても飽きない、しみじみと「おいしいなぁ」と思える食パンが焼けるようになります。

くーぷ式 3種の食パン

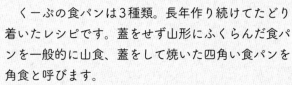

くーぷの食パンは3種類。長年作り続けてたどり着いたレシピです。蓋をせず山形にふくらんだ食パンを一般的に山食、蓋をして焼いた四角い食パンを角食と呼びます。

山食はきめが思い切り縦に伸び、水分が程よく抜けて軽い食感になります。一方角食は、蓋によりふくらみが抑えられることできめ細かくなり、水分が閉じ込められるためしっとりした食感になります。この分類でいうと「くーぷトースト」も山食のカテゴリですが、配合的に特にトーストに向いていることから「くーぷトースト」と名付けています。

		くーぷトースト	くーぷ山食	くーぷ角食
生地のタイプ		リーン	中間	リッチ
食パンの種類		山食	山食	角食
ベーカーズパーセント	粉	スーパーキング50 リスドォル50	スーパーキング 100	スーパーカメリヤ 100
	きび砂糖	2	5	5
	塩	1.5	1.5	1.5
	牛乳	–	38	75
	水	66	32	–
	イースト	1	1	1
	バター	2	7	5
分割数		2	3（2でもよい）	2
成形		丸め	丸め	俵
焼き色		淡い褐色	濃い褐色	濃い褐色
おすすめの食べ方		トースト	トースト／生食	生食／サンドイッチ
食感		パリパリ	さくさく／もっちり	しっとり柔らか

くーぷトースト

バターと砂糖を控え水だけでこねます。スーパーキングによるボリュームとこしのあるクラム、リスドォルによるパリッとしたクラストが特徴です。焼きあがってひと呼吸したら耳を澄ましましょう。「天使のささやき」と呼ばれるぴちぱちとした音、クラストに細かなひび割れが広がれば、良く焼き込まれた成功の証です。食感はあっさり軽く、トーストすればパリパリ食感が楽しめるハードタイプです。2分割にしたので丸めによる負荷が軽く、伸び伸びとふくらみます。

くーぷ山食

最強力粉のスーパーキングを100％用いるため大きく窯伸びします。仕込み水に牛乳を約半量使うので、クラストは乳糖由来の美しい色ツヤとなり、食欲をそそります。配合的にはリーンとリッチの中間あたりですが、軽い食感に焼きあがる山食の特徴と相まって、トーストすればさくさく、生で食べればもっちりと、両方楽しめる万能タイプです。家族の好みが分かれる場合やいろいろな食べ方をしたい方にはおすすめです。山の数は、3つ、2つ、どちらでもかまいません。

くーぷ角食

砂糖とバターが5％と少ないものの牛乳でこねるところは基本のリッチ生地に非常に近い配合です。俵形に成形する理由は生地に頂点を作らず、型内で平らな上面を平均的に上げていくためです(→P108)。蓋をして焼くので水分が逃げにくく耳までしっとり柔らか、牛乳のまろやかな風味が広がります。実は角食は、山食と比べると最終発酵の見極めが難しいパンです。1回で成功するとは思わず繰り返しトライしましょう。
上手に焼きあがった角食は、玉子サンドやフルーツサンドなどにぴったりの生食タイプとして役に立ちます。

くーぷトースト

「これさえあれば他はいらないです」と多くの皆さんから
支持されている、トースト用の山食です。
軽くて香ばしい、さくさくを超えたパリパリなトーストを
あなたもぜひ体感してください。

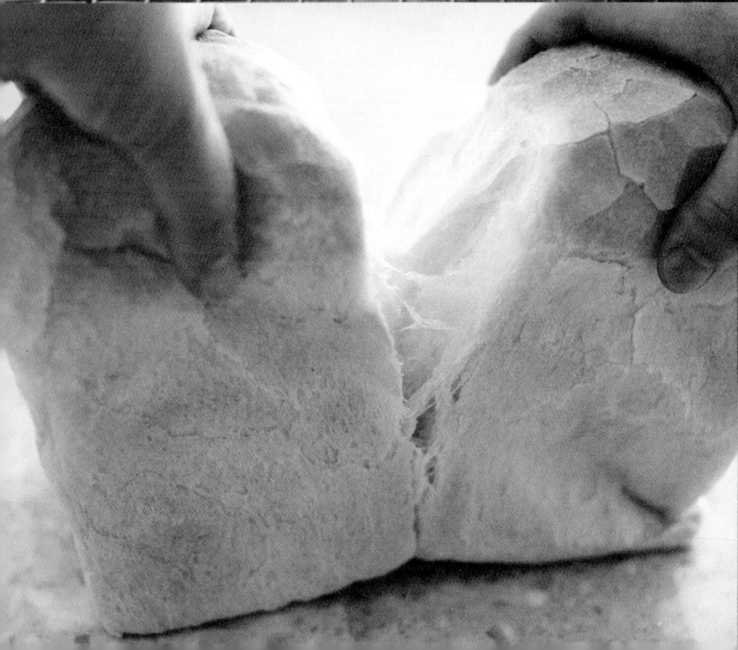

【 材料 】1.5斤　　（ ）内はベーカーズパーセント

- スーパーキング……………225g　（50）
- リスドォル…………………225g　（50）
- きび砂糖………………………9g　（ 2）
- 塩…………………………………7g　（1.5）
- 水……………………………297g　（66）
- インスタントドライイースト……5g　（ 1）
- 無塩バター………………………9g　（ 2）

【 準備 】

型にショートニング（分量外）を塗る。

【 作り方 】

1 ミキシング・一次発酵

基本生地の要領でミキシング。なめらかになったら表面を張らせるように丸めボウルに戻し、一次発酵。

2 パンチ・一次発酵続き

2倍にふくらんだら（a）、カードをボウルに沿わせて生地を取り出し（b）丸めなおす（c）。もう一度2倍の大きさになるまで（d）一次発酵を続ける。

3 分割

2分割して軽く丸めて10分ベンチタイム。

4 成形

生地のとじめを上に向け手か麺棒でつぶし、手前から奥に控えぎみに二つ折りにし（e）、右から左にかぶせるように折る（f）。

5 生地を手前に引きながら表面を張らせ、裏を引き締める（g）。型に均等に入れる（h）。

6 最終発酵

固くしぼった布巾をかけ、型の縁から1cm出るまで最終発酵（i）。

7 焼成

180℃に予熱したオーブンで40分焼く。

8 焼きあがったら、型の底を軽く台に打ち付けて倒し、取り出す。網にのせて冷ます。

a

b

c

d

e

f

g

h

i

くーぷ山食

トーストすればさくさく、そのままならもっちり、
リッチとリーンの中間的配合の頼れる万能タイプです。
あれもこれも、という家族の好みにもしっかり
応えてくれるでしょう。

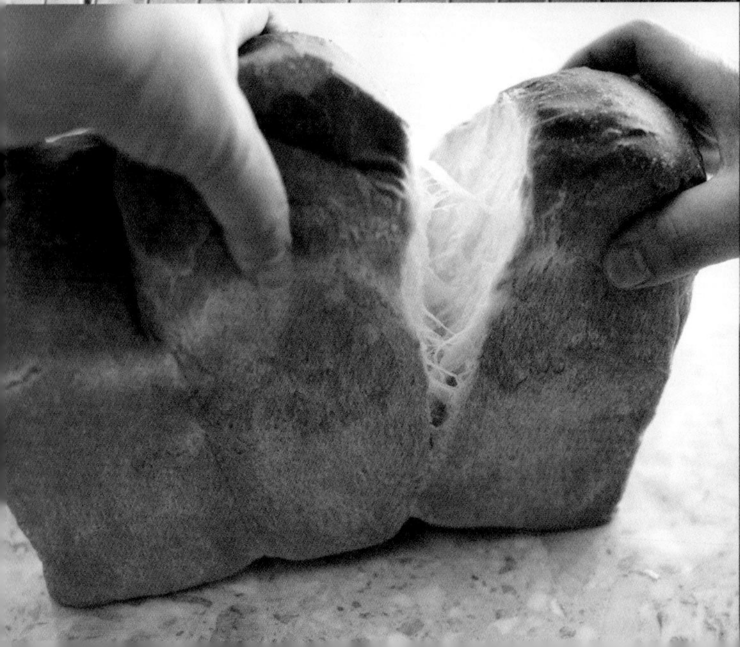

【 材料 】1.5斤　（ ）内はベーカーズパーセント

- スーパーキング……………400g　(100)
- きび砂糖……………………20g　(5)
- 塩……………………………6g　(1.5)
- 牛乳………………………152g　(38)
- 水…………………………128g　(32)
- インスタントドライイースト…4g　(1)
- 無塩バター…………………28g　(7)

【 準備 】

型にショートニング(分量外)を塗る。

【 作り方 】

1 ミキシング・一次発酵

基本生地の要領でミキシング。なめらかになったら表面を張らせるように丸めボウルに戻し、一次発酵。

2 パンチ・一次発酵続き

2倍にふくらんだら、カードをボウルに沿わせて生地を取り出し丸めなおす。もう一度2倍の大きさになるまで一次発酵を続ける。(p.99くーぷトースト a～d 参照)

3 分割

3分割して軽く丸めて10分ベンチタイム。

4 成形

生地のとじめを上に向け手か麺棒でつぶす。手前から奥に控えぎみに二つ折りにし（a)、右から左にかぶせるように折る（b)。

5 生地を手前に引きながら表面を張らせ、裏を引き締める（c)。型に均等に入れる（d)。

6 最終発酵

固くしぼった布巾をかけ、型の縁から1cm出るまで最終発酵（e)。

7 焼成

180℃に予熱したオーブンで40分焼く。

8 焼きあがったら、型の底を軽く台に打ち付けて倒し、取り出す。網にのせて冷ます。

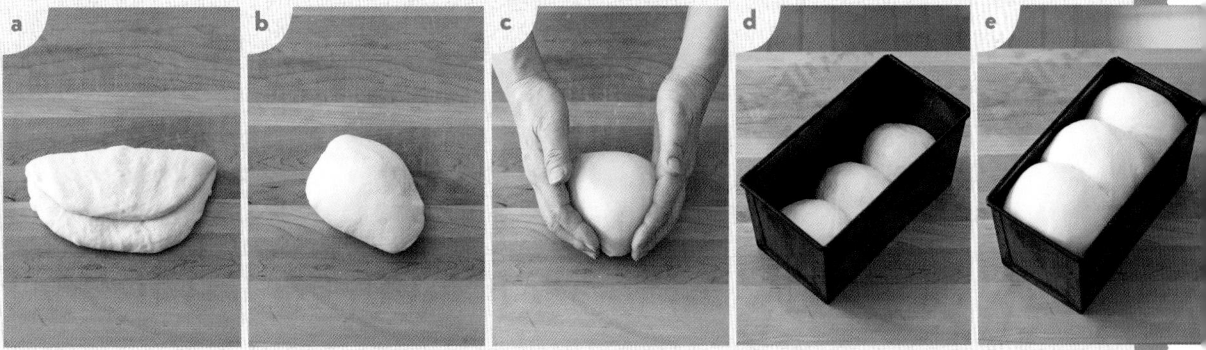

くーぷ角食

夫によると、しっとりふわふわな角食をスライスして
ピーナツクリームをたっぷり塗ってほおばるのが至福なんだとか。
それにしても焼きあがりがすぐには見えないのは緊張しますよね。
蓋を開ける瞬間は何百回焼いたわたしでもちょっとどきどきします。

【 材料 】1.5斤　（ ）内はベーカーズパーセント

- スーパーカメリヤ …………380g （100）
- きび砂糖 ……………………19g （ 5）
- 塩 ……………………………6g （1.5）
- 牛乳 …………………………285g （ 75）
- インスタントドライイースト …4g （ 1）
- 無塩バター …………………19g （ 5）

【 準備 】

型と蓋にショートニング（分量外）を塗る。

【 作り方 】

1 ミキシング・一次発酵

基本生地の要領でミキシング。なめらかになったら表面を張らせるように丸めボウルに戻し、一次発酵。

2 パンチ・一次発酵続き

2倍にふくらんだら、カードをボウルに沿わせて生地を取り出し丸めなおす。もう一度2倍の大きさになるまで一次発酵を続ける。（p.99くーぷトースト a～d 参照）

3 分割

2分割して軽く丸めて10分ベンチタイム。

4 成形

生地のとじめを上に向け手か麺棒でつぶす（a）。左右から折って三つ折りにし（b）手前から巻く（c）（d）。

5 型の両端に生地をよせて入れ（e）（f）、蓋を閉める。

6 最終発酵

時々蓋をスライドさせて様子を見ながら、型の8分目までふくらむまで、最終発酵（g）。

7 焼成

蓋をして、180℃に予熱したオーブンで40分焼く。

8 焼きあがったら、型の底を軽く台に打ち付けて倒し、取り出す。網にのせて冷ます。

a

b

c

d

e

f

g

くーぷ式パン作りQ&A

くーぷのパン教室でよく寄せられる疑問にお答えします。
初心者がつまずきやすい作り方のポイントも網羅されていますので、
「こんなときどうしたら？」と迷った際に読んでみてくださいね。

Q
違う銘柄の粉を使ってもよいですか。

強力粉は銘柄によりたんぱく質の含有量が異なります。たんぱく質はパンの骨格であるグルテンの元になり、水分とのバランスが崩れると生地の状態が大きく変わってしまいます。違う粉を使う場合は同程度のたんぱく質量の粉を選ぶようにしてください（→P95）。たんぱく質量は粉のパッケージに表示されています。

Q
きび砂糖以外の砂糖を使ってもよいですか。

くーぷ式では、秤にのせたボウルの中に粉（白色）、きび砂糖（薄茶色）、塩（白色）を重ねながら量り込んでいきます。きび砂糖を使用すると、色の違いによりすべての材料を瞬時に目視で確認できるので、計量ミスを防止できます。もちろん上白糖、三温糖などでも問題ありません。

色の違いがはっきり。
計量ミス防止になります。

Q
こね板を持っていません。

じつはわたしも普段は板ではなく、キッチンの調理台を除菌して作業をしています。
適切な場所が確保できるなら、こね板は特に必要ありません。

Q
インスタントドライイーストを水分に振り入れるのはなぜですか。粉に直接混ぜてはいけないのですか。

インスタントドライイーストはいわば仮眠中です。水分に振り入れて十分に吸水させ目を覚まさせ、活動しやすい状態にすると、発酵がスムーズにはじまりますし、生地中にイースト粒が溶け残るということもありません。

Q 副材料がある場合、計量やミキシングのどのタイミングで加えていくのかルールがわかりません。

【くーぷ式 計量・ミキシングのルール】

1. **粉類**(全粒粉、ライ麦粉、ココア等粉末状の材料)、砂糖、塩をボウルに量り込む
2. **非常に細かい材料**(ゴマ、ドライハーブ、黒こしょう等)も同じボウルに量り込む

中央にくぼみ …池を作るイメージ

3. **液体**(水・牛乳・トマトジュース・全卵等)を加える
4. **ドライイースト**を振り入れる
5. **油脂**(バター、EXヴァージンオリーブオイル等)を加える
6. **ペースト状の材料**(野菜のマッシュ、戻したよもぎ等)を加える

ひとかたまりにしてこね板に出しこねる

7. **少し大きめの材料**(くるみ、レーズン、オレンジピール等)を加える

全体がなめらかになったら生地のできあがり

— ドライな材料　— ウエットな材料

材料の追加、置き換えをする場合のそれらを行うタイミングと、ミキシングのコツも合わせてお話ししましょう。ここを読んでから改めて基本生地の作り方(➔P14〜P15)を見ると理解は一層深まると思います。

まず、❶**粉類**と❷**非常に細かい材料**は同じボウルに量り込みよく攪拌します。細かい材料はここで混ぜたほうが全体に均一に行き渡ります。次に粉の中央にくぼみを作り❸**液体**を入れます(池を作るイメージです)。ここへ❹**ドライイースト**を振り入れ水分と馴染ませます。池の周囲の粉を少しだけ崩しながら混ぜ合わせ、くぼみの中をもったりとしたホットケーキのたね状にします。これは次に加える油脂がイーストと直接触れないようにするためです(イーストに粉の衣を着せるイメージ)。あくまでもわたしの解釈ですが、イーストは生き物、いきなり油脂はかぶりたくないと思うのです。まあ最終的には全部混ぜ合わせるのですが、段階ごとに小さな配慮をしながら自分なりにイメージを持って工程を進めていくのは、とても大事です。

さて、話を戻しましょう。次は❺**油脂**、❻**ペースト状の材料**を同時に加え、馴染ませます。この段階で、ボウルの中は、中央のくぼみにウエットな材料が合わさった池、その周囲をドライな粉類の土手が取り囲むという構図になります(➔P15左上写真参照)。

いよいよ水分を粉全体に回していきます。すぐにはこねません。粉のひと粒ひと粒に水分を均等に渡しながら、ざっくり合わせていくイメージです。いきなりこねてしまうとこねた部分からグルテン組織ができてしまい水分の移動がしにくくなり結果的にミキシングに時間がかかってしまうのです。生地がひとかたまりになったら、こね板に取り出しこねはじめます。8割方こねたところで❼**少し大きめの材料**を加えましょう。これらは早い段階で加えるとグルテンの生成を阻害したり素材そのものがつぶれてしまうので後半にもってくるわけです。

均一に行き渡ったころ、生地がちょうどこねあがる。これがくーぷ式のミキシングです。

くーぷ式パン作りQ&A

Q

くーぷ式では初期段階から バター等の油脂を 加えるのはなぜですか。

一般的には初期段階で油脂を加えるとグルテン生成を阻害すると言われており、ある程度グルテン組織ができあがってから滑り込ませたほうがよいとされています。しかし初期段階で油脂を加えたほうがミキシングが楽で時間が短縮でき、焼きあがったパンの見た目・味ともにほとんど遜色がありません。そこでくーぷ式では初期段階で油脂を加えています。

Q

くーぷ式では生地を たたきつけるミキシングを しないのはなぜですか。

板にたたきつけるミキシングは、生地の重さを利用してこねるので効率的ですが、くーぷの基本生地では行いません。粉200g程度の生地に対しては強すぎるこね方ですし、生地が乾きやすいからです。生地量が多い場合や柔らかめの生地のときは有効で初期段階で取り入れると扱いやすくなります。

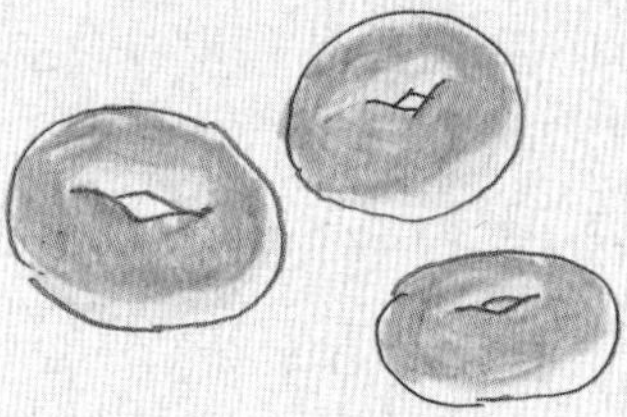

Q

こねてもこねても 生地が べたつきまとまりません。

考えられる原因をあげます。

原因-1 グルテンが十分に形成されていない。この場合はもう少しこねてみましょう。

原因-2 計量ミス。この場合はこね続けても改善されないので、少しずつ粉を足して硬さを整えましょう。

原因-3 こね方が強すぎる。形成されかけたグルテン膜を力任せに引きちぎって内部のべたつく部分を露出させている状態です。いずれはまとまってきますがもう少し優しく、表面の膜を育てるような気持ちでこねましょう。

Q

生地がかたいような 気がしますが、 後から水を足してもよいですか。

難しいです。ある程度ミキシングが進んだ生地はグルテン膜が形成されているので水分の侵入を拒みます。ですから正確な計量がなによりも大事です。

Q 発酵時の温かい環境はどのように作ればよいですか。

30度くらいが望ましいので、オーブンに発酵機能があれば使ってください。大きめの発泡スチロールの箱に、お湯を入れたペットボトルとともに入れるなどもよいでしょう。わたしはセラミックのピザプレートをオーブンで温めて布に包み、その上に天板をおいて大きめのプラスチック容器をかぶせ、簡易発酵器にすることもあります。また、暖かい季節や、暖房を使っているお部屋は室温で十分にふくらみます。

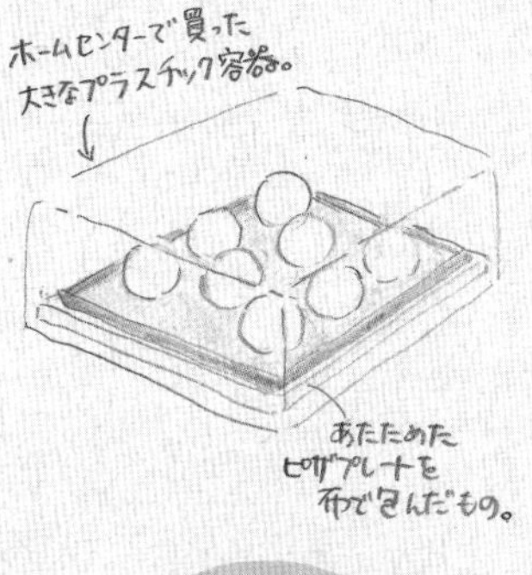
ホームセンターで買った
大きなプラスチック容器。
あたためた
ピザプレートを
布で包んだもの。

Q 分割後のきっちり丸めとゆったり丸めの使い分けがよくわかりません。

分割するとべたついた部分、傷んだ部分、継ぎ足した半端部分ができます。それらを内部に入れ込んで表面をなめらかに整えることが丸めの目的です。丸パンのように、丸めることが最終的な成形のときはきっちりと丸めます。一方、違う成形を控えたベンチタイムの前ならばゆったり丸め、できるだけグルテンを刺激しないようにして次の成形につなげます。

Q 分割の際、目分量と秤を使い分ける基準はなんですか。

放射状で分割できる8分割までなら目分量です。わたしたちの目の精度や感覚はそのくらいの能力はあります。しかしそれ以上は、どうしても誤差が出てきてしまいます。ですから9分割以上は秤を使うことをおすすめします。しかし秤に頼り切ってはいけません。基本は目分量、秤は誤差を調整するために使う。そういう感覚が大事です。

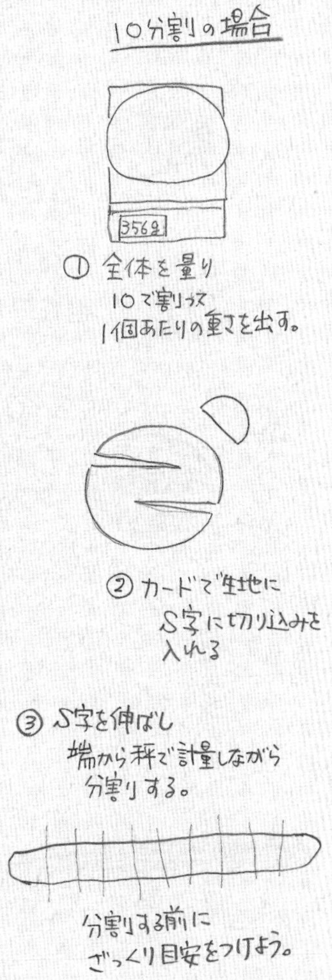
10分割の場合
356g
① 全体を量り
10で割って
1個あたりの重さを出す。
② カードで生地に
S字に切り込みを
入れる
③ S字を伸ばし
端から秤で計量しながら
分割する。
分割する前に
ざっくり目安をつけよう。

くーぷ式パン作りQ&A

Q

ベンチタイムをとるのが面倒なので省いてもよいですか。

ベンチタイムは、分割や丸めで緊張したグルテンを休ませる大事な時間です。この間に発酵も進むので生地はゆるみ、成形しやすくなります。ベンチタイムを省くと成形しにくく、また成形後に生地がゆがむことがあります。時間がないときは、ベンチタイムを必要としない丸パンにするとよいでしょう。

Q

レモンロールやコーンマヨロールは最終発酵で布巾をかけるとフィリングがくっついてしまうのですがどうしたらよいですか。

ラップをふわっとかける、大きめタッパーをふせてかぶせる、大きめのポリ袋に入れて空気をたっぷり入れて口を閉じるなどしてください。

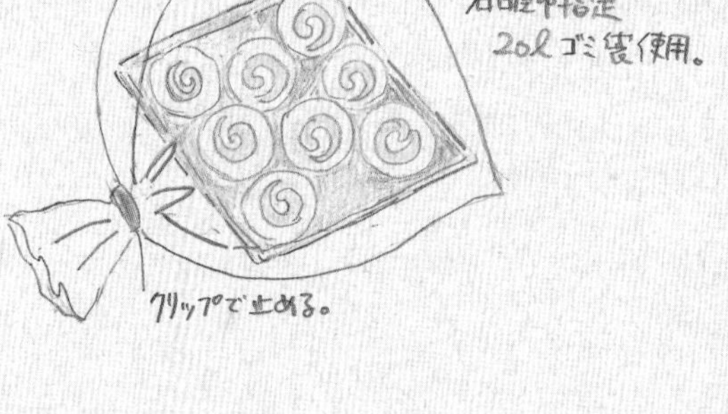

Q

角食はどうして俵形に成形するのですか。

角食は型内のすみずみまで、生地を平らに上げていきたいので俵形にします。丸めると型内に生地が行き渡りにくく、角が丸みを帯びやすいのです。山食は本書では丸める方法を紹介しましたが、好みで俵形にしてもかまいません。

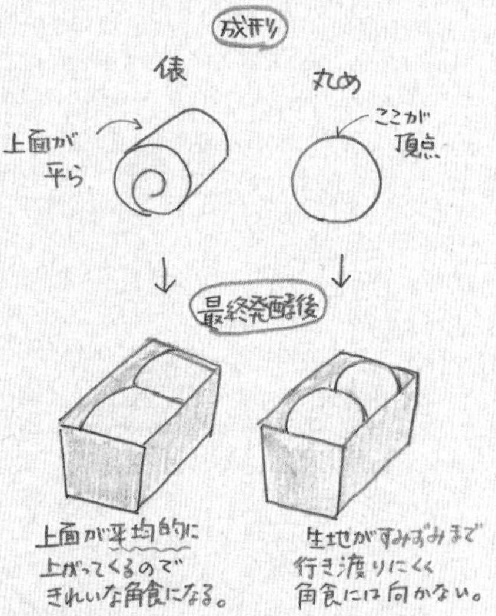

Q

テフロン加工の型に離型油は必要ですか。

塗らなくても大丈夫ですが、わたしは加工を長持ちさせるためにごく薄く塗ります。使用後は中性洗剤とスポンジでよく洗って乾かしてください。

Q

クープはなぜ必要なのですか。またなぜクープにバターをしぼるのですか。

油脂が少ないリーン生地はリッチ生地に比べて伸展性が低いので、焼成中に表皮が裂けてしまうことがあります。それを防ぐために切り込み(クープ)を入れます。クープは生地内の圧力を外に逃がし、きれいにふくらませるとともに、デザインとしての役割も果たします。バターを少量しぼるのは、焼成中、クープの柔軟性を保ちきれいに開かせるためです。
くるみのブールは、くるみが邪魔をしてナイフではクープが入れにくいので、はさみを使用します。

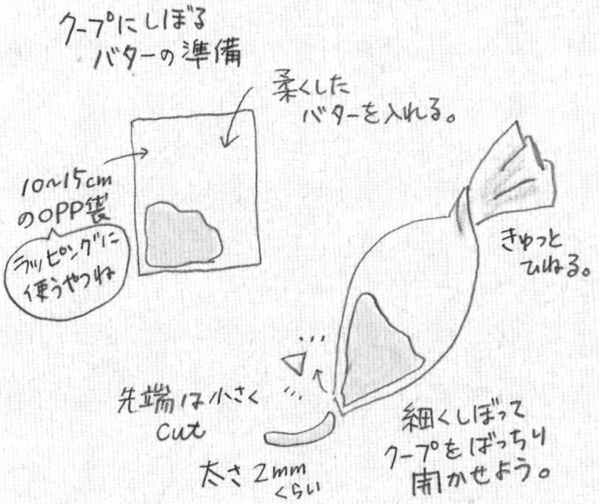

クープにしぼる
バターの準備

バターを入れる。

のOPP袋
ラッピングに
使うやつね

先端は小さく

細くしぼって
クープをぱっちり
開かせよう。
太さ2mm

Q

発酵時間が長すぎるとどうなりますか。

生地がだれて成形が困難になる、イーストが生地中の糖分を使ってしまうために色づきが悪くなる、味が落ちる、ボリューム不足などが考えられます。

Q

焼きあがったパンがかたいです。改善策は？

先天的にまたは後天的に粉に対して水分が少ない場合や、きめが粗く弾力がない場合もかたく感じます。考えられそうな原因をあげてみます。答えはひとつかもしれないし重複しているかもしれません。次回は気をつけながらやってみてください。

原因-1 材料の計量を間違えている。→計量をしっかりやる。

原因-2 打ち粉を多用している。→打ち粉を極力控える。

原因-3 作業中に生地が乾燥している。→作業は手早く行い、必要に応じ霧を吹く、固くしぼった布巾をかぶせるなどして乾燥を防ぐ。

原因-4 焼きすぎ。→温度と時間を調整する。

その他、ミキシング不足、発酵不足、発酵過多も原因になります。丁寧な作業を心掛けてください。

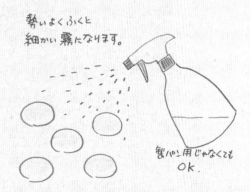

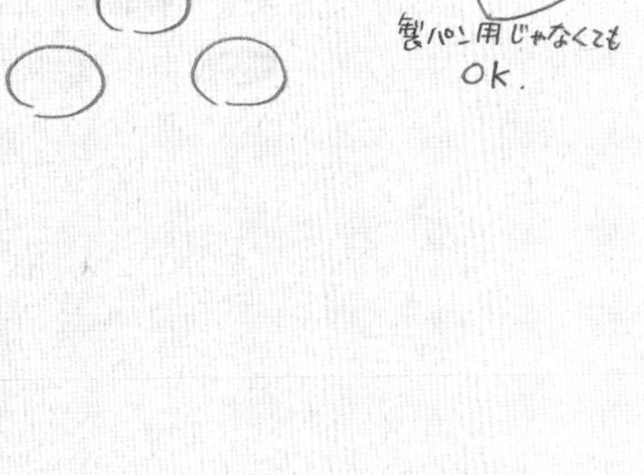

勢いよくふくと
細かい霧になります。
製パン用じゃなくても
OK.

おわりに

11才のとき、パン作りと出会いました。
それまで作っていたクッキーやパウンドケーキと違い、発酵という不思議なプロセスに惹かれ、パンの世界にはまったのです。
それは独学のスタートでした。今のように気の利いた家庭向きの本はありません。頼りはイーストの説明書に書いてあるレシピのみ。あの当時はイーストの予備発酵もありましたから、本当に気が滅入るほど面倒くさい、だけど魅力にあらがえない。葛藤しつつ、小さな紙きれの細かい文字を読みながらプロセスをできるだけ忠実に追いかけました。
その工程にどんな意味があるのか、子供にはわからないことだらけでしたが、春夏秋冬、巡る季節のなかで同じ配合の生地を焼くということは、知らず知らずのうちにわたしを鍛えました。環境に応じた生地のご機嫌の取り方を覚え、理由はわからないけれど「こうするとうまくいくのだな」という小さな発見を積み重ねていったのです。レシピがひとつしかないことが幸いしました。この10代の数年間の経験が、後に大学で学んだ材料、発酵、微生物、食品加工などの学問と結びつきました。経験的な知識の裏が取れた、まさに晴れやかな気持ちでした。これがわたしのおうちパンの基礎となったのです。

これまで自宅での教室、雑誌・書籍、出張、最近ではSNSと、さまざまな形でパンにまつわるあれこれを発信してきました。場所は変われどわたしのスタンスで変わらないことがあります。
それは「作れない。難しい」世界から「作れる。楽しい」世界にスムーズに導きたいということ。

パンが作れない人たちと作れる人たちの境界には、目に見えないハードルがあるように思います。

わたしは、そのハードルの前で立ち尽くす人の手を取って、ぴょんと飛び越えさせる手伝いをしたい、「大丈夫だよ」と言ってあげたいのです。越えるときに転んだり、つまずいたり、痛い思いをすればきっと嫌になってしまう。高すぎるハードルの前に立つ人は怖気づいてしまう。そうならないように適切なハードルに誘導して、越え方を教えてあげたい、そういうレシピを伝えたいと思っています。
それが子供のころから独学で何年もかかってパン作りを覚えたわたしの思いです。

ハードルを越えた先はどこまでも進むこともできるし、ハードルからそんなに遠くないところでのんびりしてもいい。パン作りのゴールは人それぞれ。自分にあったところで楽しんでください。

2020年、そして2021年、わたしたちは思いがけずステイホームな日々を余儀なくされています。
そんななか、趣味と実益を兼ねて、新たにパン作りに目を向ける方たちが増えました。
この時代を心を豊かに過ごすひとつの知恵として、パン作りが身近なものになればよいなと思っています。

最後にこの本を作るためにお力を貸してくださいました皆さま、本当にありがとうございました。
感謝を込めて。

2021年2月　門間みか

門間みか

パン教室「ぱん工房くーぷ」主宰。
管理栄養士。

1966年、宮城県仙台市生まれ。
宮城学院女子大学家政学科卒業。
料理好きな母のもと、幼い頃から料理やお菓子作りに親しむ。小学校５年生でパン作りに出会って以来、パンの奥深い世界に魅了され、現在に至る。
主な著書におうちパンのバイブルとして知られる『ほんのりしあわせ。おうちパン』(集英社)のほか、アイリスオーヤマの格安オーブンに惚れ込んで作った『ぱん工房くーぷ×オーヤマくん リッチとリーンで30日』(明元舎) などがある。

インスタグラムアカウント
monma_mika

staff

ブックデザイン	細山田光宣、 藤井保奈(細山田デザイン事務所)
写真	小林キュウ(表紙、P2-3、P6-9、P12-17、各パン完成・断面写真) 近藤真由美(P20以降各パン工程、材料写真)
スタイリング	本郷由紀子
イラスト	門間みか
調理補助	若宮 愛、藤井ゆかり
校正	西進社
編集	茶木奈津子(PHPエディターズ・グループ)

きょうも、パンを焼こう。

ぱん工房くーぷの最高においしいおうちパン

2021年 3 月30日　第 1 版第 1 刷発行
2021年10月26日　第 1 版第 6 刷発行

著者	門間みか
発行者	岡 修平
発行所	株式会社PHPエディターズ・グループ 〒135-0061　江東区豊洲5-6-52 ☎ 03-6204-2931 http://www.peg.co.jp/
発売元	株式会社PHP研究所 東京本部　〒135-8137 江東区豊洲5-6-52 普及部　☎ 03-3520-9630 京都本部　〒601-8411 京都市南区西九条北ノ内町11 PHP INTERFACE　https://www.php.co.jp/
印刷・製本所	凸版印刷株式会社

ISBN978-4-569-84918-8